Alexander Franc Storz

VW Bulli Fotoalbum

1949–1979

Impressum

Copyright © by
Johann Kleine Vennekate
Verlag, Lemgo, Germany
www.motorradbuch.de
www.kleine-vennekate.de

1. Auflage 2009

Alle Rechte der Verbreitung durch Medien jeglicher Art bleiben dem Verlag vorbehalten, ebenso die Speicherung in datenverarbeitende Anlagen etc. Kopien dürfen nur mit Genehmigung des Verlages hergestellt werden.

Herstellung:
    Salzland Druck GmbH
    & Co KG, 39418 Staßfurt
Layout:
    Martina Wessels
    MW-Design-Buero.de

Printed in Germany

ISBN 978-3-935517-48-5

Vorwort

Der Patriarch: Heinrich Nordhoff übernahm am 1. Januar 1948 die Leitung des Volkswagenwerkes aus den Händen der britischen Militärbehörden. Unter ihm wurde der Käfer zum erfolgreichsten Auto der Welt, und er war auch der Ziehvater des VW Transporter.

Perfekt inszeniert, handwerklich peinlich genau erstellt, mit großem Aufwand realisiert und absolut scharf: Das sind Pressefotos, von Profi-Fotografen in Studios oder an ausgewählten Orten geschossen. Ihr Auftraggeber, die Presseabteilung eines Autokonzerns, lässt die Aufnahmen vervielfältigen und an Redaktionen versenden - mit der Absicht, dass über das Produkt berichtet wird. Redaktionen verwenden diese Bilder gerne, denn ihr Abdruck ist kostenlos.

Bezahlen müssen die Redaktionen, wenn sie einen Bildjournalisten damit beauftragen, spezielle Autobilder zu erstellen. Er geht beispielsweise zu Fahrzeugpräsentationen, Rennen oder Rallyes. Diese Bilder sind weniger verbreitet, und im Nachlass eines solchen Bildberichterstatters findet sich aus heutiger Sicht so manche Preziöse, die er selbst damals als unwichtig angesehen haben mag, oder für die sich kein Abnehmer fand.

Dann gibt es noch die Privataufnahmen, mehr oder weniger gut fotografiert – je nach Ausrüstung und Können des Hobbyknipsers. Diese Bilder sind als oftmals winzige Abzüge im Familienalbum eingeklebt, die Negative längst entsorgt. Sie fangen einen äußerst privaten Moment ein. Die abgebildeten Autos sind manchmal verbeult, überladen, schmutzig, individualisiert. Oft spielen sie auch nur eine Nebenrolle.

Automobilhistorische Bücher zum Thema VW Transporter gibt es genügend, alle sind größtenteils mit professionellen, aber auch sattsam bekannten Fotos oder mit aktuellen Aufnahmen restaurierter Fahrzeuge illustriert. Vorliegendes Bulli-Buch ist anders. Auf moderne und populäre offizielle Fotos wurde so gut wie möglich (aber nicht ganz) verzichtet. Die zeitgenössischen Bilder dienen nicht zur Illustration des Textes, sondern umgekehrt: Sie sind Selbstzweck, der Text erläutert sie nur.

Wir beschäftigen uns mit den VW Transportern der ersten beiden Generationen, dem T1 von 1950 bis 1967 und dem T2 bis 1979. Autor und Verleger wünschen dem Leser vergnügliche Stunden beim Betrachten der alten Bulli-Bilder und beim Schwelgen in vergangenen Zeiten. Die Fotos entstammen, wenn nicht anders angegeben, dem Archiv des Autors.

Ulm, im Juni 2009
Johann Kleine Vennekate
(Herausgeber)
Alexander Franc Storz

Wer in der frühen Nachkriegszeit aus einem Volkswagen ein Nutzfahrzeug machen wollte, musste zur Selbsthilfe greifen. Diesen einzigartigen Holzaufbau auf einem Weltkriegs-Kübelwagen schuf ein Wiener Karosseriekünstler.

Foto: Archiv Klaus Holl

Auch auf Käfer-Basis gab es Transporter, sogar vom Werk selbst. Noch unter englischer Regie entstand bei den »Wolfsburg Motor Works« gleich nach dem Krieg eine kleine Anzahl an Pritschenwagen. Ihr Rückgrat bildete das höher gesetzte Kübelwagen-Chassis, von dem aus Kriegszeiten noch entsprechende Lagerbestände vorhanden waren. Das Fahrzeug stammt zwar aus Nachkriegstagen, ist aber mit Tarnscheinwerfern versehen.

Foto: Archiv Volkswagen

50er Jahre

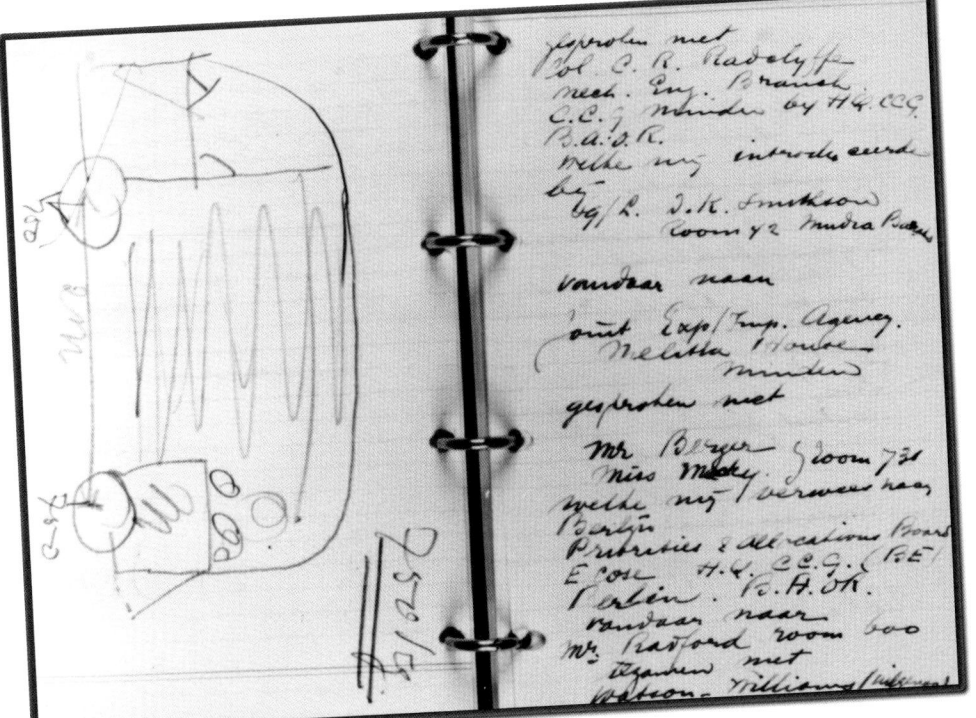

Die Geburtsurkunde des VW Transporters: Diese Zeichnung fertigte der holländische VW-Importeur Ben Pon am 23. April 1947 an. Sie definiert den Wagen als Frontlenker mit einer ³/₄ Tonne Nutzlast und wird von der Firma »Pons Automobielhandel B.V.« noch heute als Heiligtum gehütet.

Seine Idee war der Impetus des VW Transporters: Ben Pon (Mitte) demonstriert die Heckklappe eines frühen VW Krankenwagens auf der holländischen Automobil-Ausstellung RAI anno 1951.

Als Ben Pon seine Idee Heinrich Nordhoff entgegenbrachte, erntete er Zustimmung. Einen weiteren Fürsprecher fand er in Alfred Haesner, von 1948 bis 1951 Leiter der Technischen Entwicklung im Volkswagenwerk. Haesners erste Konstruktionszeichnung stammt vom November 1948. Ein erster Prototyp war im März 1949 fertig. Das Bild zeigt das erste offizielle Pressefoto vom VW Kombi, die von Hand gedengelte Karosserie beweist, wie weit der Prototyp von der Serienproduktion entfernt war.

Die charakteristische Bugform entstand nach ausgiebigen Versuchen im Windkanal der Technischen Universität Braunschweig. Trotz der großen Stirnfläche liegt der Luftwiderstandsbeiwert mit $c_w = 0{,}44$ kaum höher als beim Volkswagen Käfer. Abgebildet ist das erste vom Werk autorisierte Foto des Kastenwagens, ebenfalls noch schwer improvisiert.

Prototyp mit außen liegendem Tankeinfüllstutzen. Letztlich wäre das in der Praxis von Vorteil gewesen. Aber zunächst konnte der Serien-Transporter nur nach Öffnen der Motorhaube betankt werden.

Vier Vorführwagen ließ Haesner im Spätsommer 1949 erstellen, damit Nordhoff sie der Presse präsentieren konnte. Dieses und die folgenden vier Fotos entstanden anlässlich einer Presseeinladung nach Wolfsburg zwischen dem 11. und 13. September 1949.

Rechts:
Große Klappe:
Der Tank saß links im Motorraum und wurde von außen befüllt, das Reserverad war stehend rechts untergebracht. Dazwischen boxerten 25 muntere Pferdchen. Eine Klappe zum Laderaum war anfangs nicht vorgesehen. Ursprünglich war geplant, den Transporter zum 1. Juli 1949 auf den Markt zu bringen. Dieses Foto stammt vom 11. September des Jahres und stellt immer noch ein Vorserienexemplar dar.

Bulli hätte der VW Transporter nominal gerne geheißen. Aber der Traktorenhersteller Lanz machte den Wolfsburgern einen Strich durch die Rechnung, hatte er doch bereits einen Bulldog im Programm. So wurde »Bulli« zum inoffiziellen Namen, und weil er inoffiziell blieb, ist bis heute nicht klar festgelegt, ob man ihn nun mit »y« oder »i« am Ende schreiben soll.

»Typ 29« steht auf dem Kennzeichen des Prototyps. So wurde der Transporter intern zunächst genannt, auch EA 7 (EA als Abbreviatur für Entwicklungsauftrag).

»Wolfsburger Delikatessen« stand auf dem ersten Transporter-Prototyp, der im Frühjahr 1949 ungetarnt rund um Wolfsburg seine Testkilometer abspulte. Er war hellgrau mit dunkelroten Felgen. Das hauptsächliche Erkennungsmerkmal der Prototypen waren die vertikalen Motorentlüftungsschlitze, die Serienmodelle hatten horizontale. Von den späten Prototypen in die Serie übernommen wurde das einzelne Katzenauge hinten links.

Hier wurde der VW Transporter gebaut: Haupteingang des Wolfsburger Werkes am 14. Oktober 1950. Am 8. März 1950 startete hier die Produktion. Im März 1956 wurde sie in das extra dafür errichtete Werk Hannover verlegt, und Wolfsburg konzentrierte sich auf den Käfer.

Drei Fotos vom Lagerplatz fabrikneuer Fahrzeuge, aufgenommen am 8. Oktober 1950. Die Käfer sind vorwiegend dunkel gehalten, die Kastenwagen einfarbig und hell, die Kombis weiß mit hellem Oberteil und weißem Dach.

Andere Perspektive derselben Lokalität. Was für eine Auswahl!

Und nun etwas näher herangegangen an die Transporter-Abteilung. Gut zu sehen ist die Heckpartie der ersten Bulli-Generation mit hoher Motorhaube und VW-Emblem an der Stelle, an der später das Heckfenster sein sollte. Im November 1950 wurde das hintere VW-Zeichen eliminiert, im April 1951 das Heckfenster eingeführt.

Bevorratete Blechteile im Werk. Hier sind Stanzteile für die Transporter-Karosseriefront zu sehen, im Hintergrund komplette Käfer-Rohkarosserien.

Rechts oben:
Der Karosseriebau verlief mitnichten vollautomatisch. Hier war nach wie vor viel Handarbeit und hohes fachliches Können nötig.

Dieses und die folgenden elf Fotos entstammen einer Serie, die anlässlich eines Journalistenbesuches im Hannoveraner Werk am 26. Februar 1957 gefertigt wurden.

Rechts unten:
Der Lackierungsprozess ist im Gange. Grundierte Rohkarosserien auf dem Weg zum Decklack. Der vordere Wagen ist ein Samba-Bus.

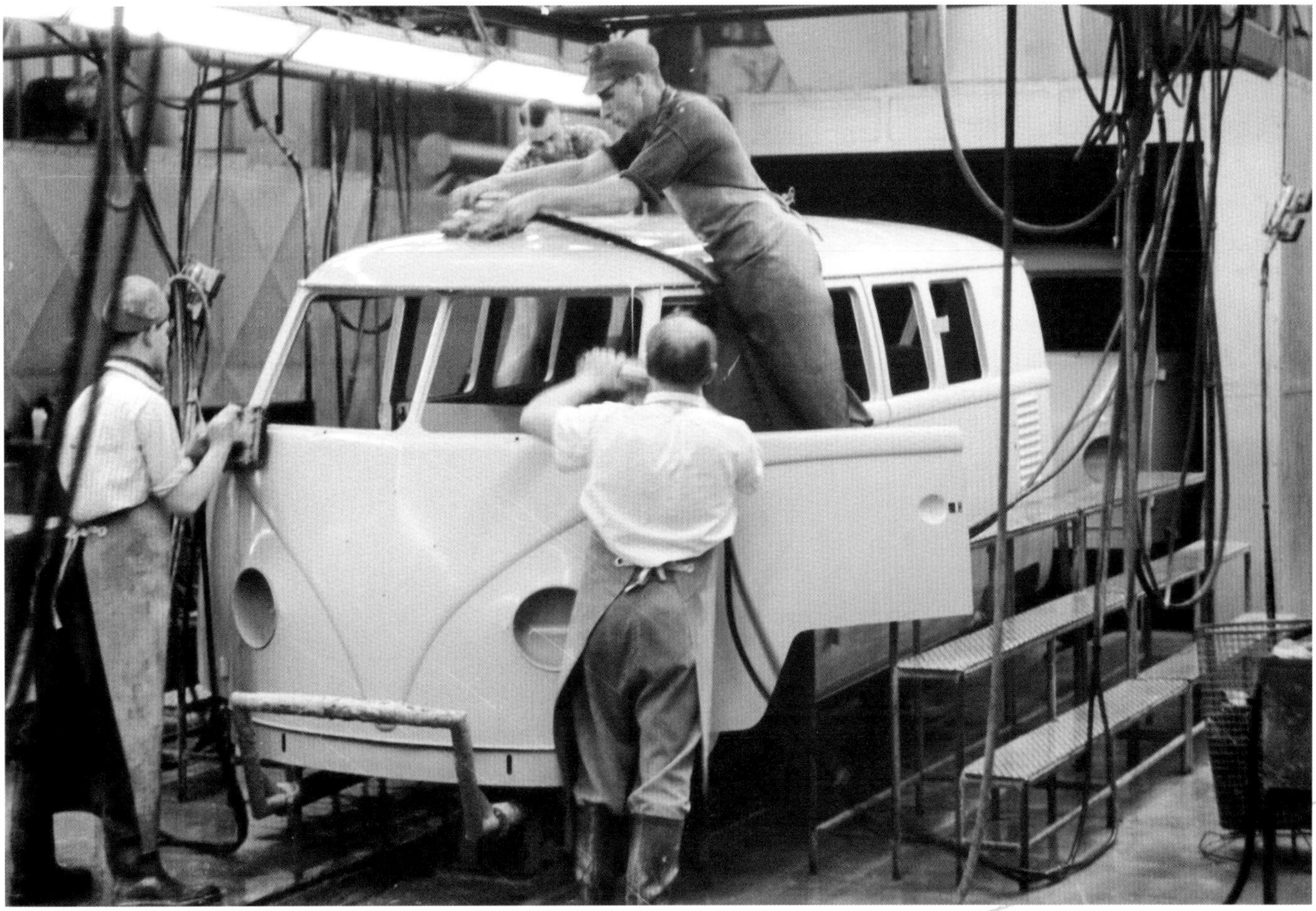

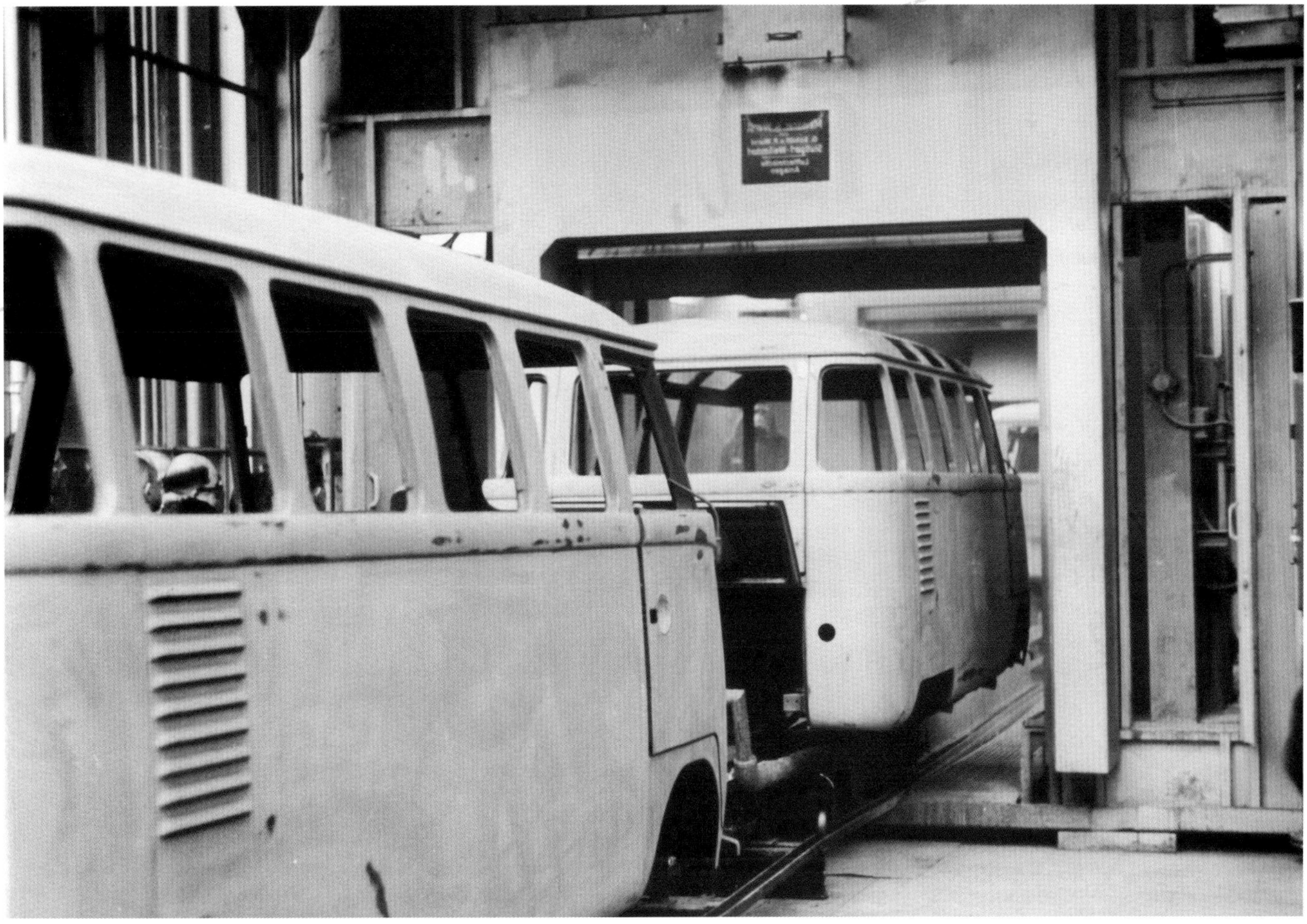

Denselben Wagen treffen wir hier wieder, nunmehr mit einer hochglänzenden Lackschicht versehen. Auf dem Wege zur Zweifarbenlackierung stehen ihm noch einige Arbeitsgänge bevor. Die Lackierung erfolgte über automatische Sprüheinrichtungen, die dazwischen nötigen Schleif- und Polierschritte geschahen von Hand.

Die unterschiedlichen Karosserie- und Ausstattungsvarianten entstanden am selben Band. Es gab also nicht beispielsweise eine Pritschenwagenproduktion und drei Tage später eine Kombiproduktion.

Rechts:
An hängenden Förderbändern werden die Karossen transportiert ...

... während am Boden
letzte Hand an die fertigen
Fahrzeuge gelegt wird.

Sechs- bis siebentausend
VW Transporter wurden 1957
in jedem Monat hergestellt.

Unermüdlich lief das Band, langsam genug für qualitativ hochwertige Arbeit unter würdigen Arbeitsbedingungen, wofür das VW-Werk stets bekannt war. Aber zu schnell für eine Pause zwischendurch. Hatte der Arbeiter eine Befindlichkeit, so konnte sich das auf die Güte seines jeweiligen Produktes auswirken.

Hochglänzende Neufahrzeuge, gerade erst geboren, bereit zur Auslieferung an die Kunden. Die letzten Meter vom Band absolvierten die Transporter auf eigener Achse zum Bremsenprüfstand. Dann waren sie für die Auslieferung bereit.

Die fertigen und überprüften Fahrzeuge fuhren aus eigener Kraft zum Lagerplatz. Das war die letzte Möglichkeit, einen Defekt gleich im Werk zu beheben.

1957 verlangte Volkswagen 5.975,– Mark für einen Kastenwagen, ein Kombi kostete 6.275,– Mark, 700,– Mark teurer war der Bus, der Samba schlug mit 8.975,– Mark zu Buche, ein Pritschenwagen mit 5.725,– Mark.

50er Jahre

Eine Waggonladung voller Volkswagen auf dem Wege zum Händler, Käfer, Samba-Bus, Kastenwagen und Pritschenwagen. Aufnahme 1960.

Im stilistischen, musikalischen und ideologischen Schlagschatten der Beatles etablierten sich viele Rockbands. »The Violets« fuhren 1965 einen ansatzweise psychedelisch lackierten 1951er Bus, aufgenommen in Rotterdam und mit unterschiedlichen Felgen versehen.

20

Links oben:
Das sind die Buben vor ihrem Bus, und auch in der Optik bemühen sich die vier »Violets« stark um Identifikationen mit dem britischen Vorbild.

Weihnachtlich geschmückt präsentiert sich die Innenstadt von Ulm im Dezember 1954. Das einzige Fahrzeug in der Hirschstraße ist ein Bus mit Faltschiebedach. Aber er ist nur zufällige Beigabe. Der Fotograf war von der Sicht auf das Ulmer Münster fasziniert – immerhin der höchste Kirchturm der Welt.

Links unten:
Typischer kann eine deutsche Nachkriegsstraße kaum sein. Gründerzeitliche Wohnhäuser, dazwischen schmerzliche Lücken, alles sauber aufgeräumt, der obligatorische Käfer auf dem Bild, und der VW Bus trägt ein Kennzeichen aus der amerikanischen Zone Württembergs (es gab auch eine französische, deren Nummernschilder mit »FW« begannen).

Volkswagen Bus als Taxi in Kopenhagen. Auffällig sind (neben den prächtigen Bauten) das Taxischild am Dach, die beiden nachträglich angebrachten Vorderblinker, das Trittbrett zum Fahrgastraum (eine werksseitige Option) und der schöne Gangster-Citroën direkt hinter dem Bus.

Ein Volkswagen Bus konnte acht Fahrgäste plus Fahrer transportieren, und mancher VW-Bus-Fahrer parkte deshalb auch ebenso stolz wie frech auf einem Busparkplatz. Hier demonstriert ein Volkswagen, wie winzig er doch gegenüber einem ausgewachsenen Reisebus ist, hier einem Fiat Typ 642 mit Karosserie von Padana. Aufnahme im September 1956 am Rheinfall in Schaffhausen.

Auf den ersten Blick war ein Bus vom Kombi durch seine Zweifarbenlackierung zu unterscheiden. Dieses 1959er Exemplar trägt ein Golde-Faltschiebedach und Exportstoßstangen.

50er Jahre

Das war ein beliebter Sport in den Semesterferien: Studenten erwarben einen VW Bus, dieser im Bild sogar mit Exportstoßstangen, reisten damit nach Indien, hatten viel Freude bei der Fahrt, praktizierten Selbstfindung im Lande der Gurus und verkauften anschließend das Fahrzeug vor Ort. Deshalb trägt dieser Bus auch ein ovales Ausfuhrkennzeichen, landläufig »Zollnummer« genannt.

Bus der letzten Serie der ersten Generation, leicht verbeult nach einem Verkehrsunfall. Im Hintergrund ein Daf Lastwagen und ein kleiner Daf 33, sehr üblich in Holland, wo diese Szene spielt.

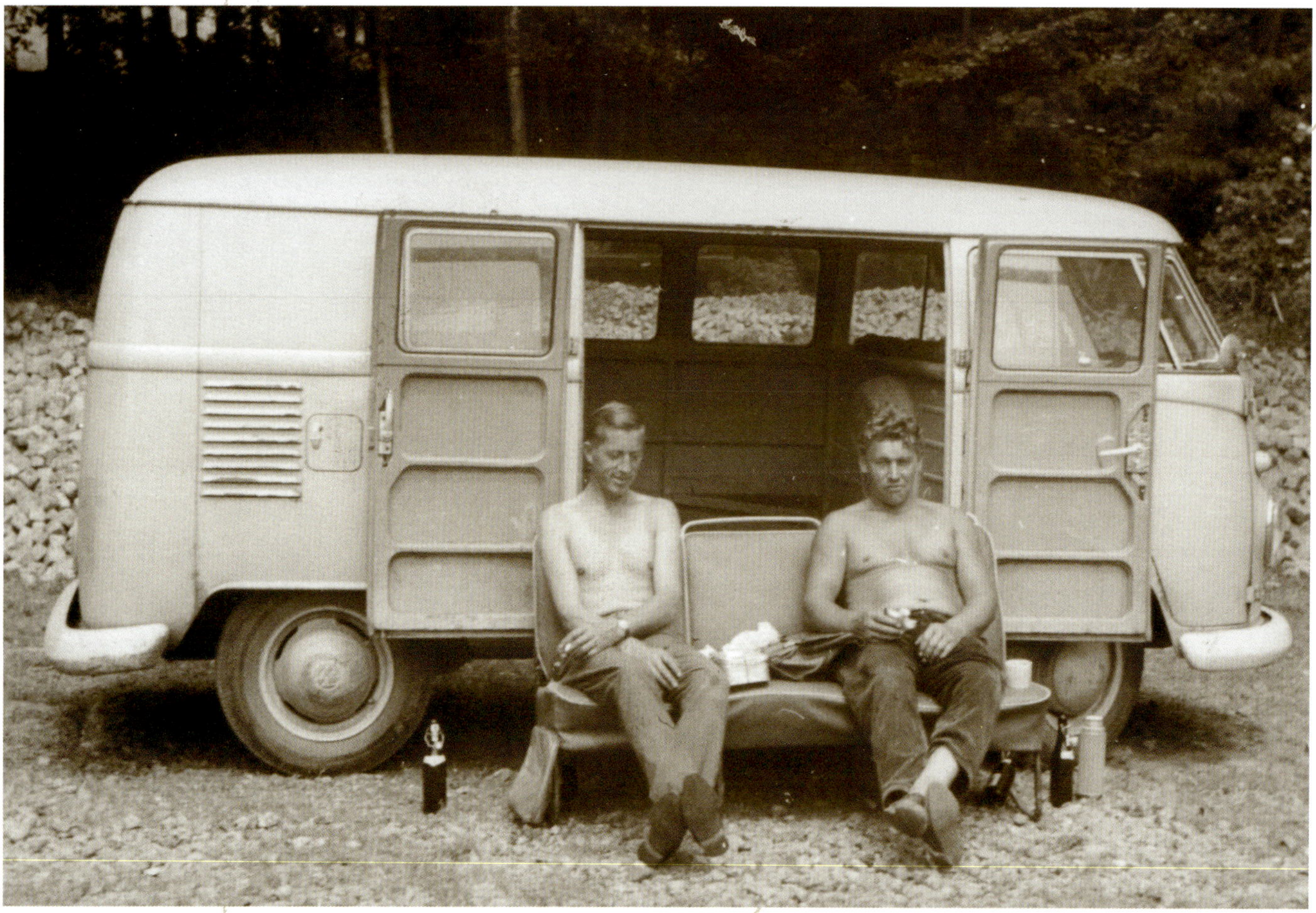

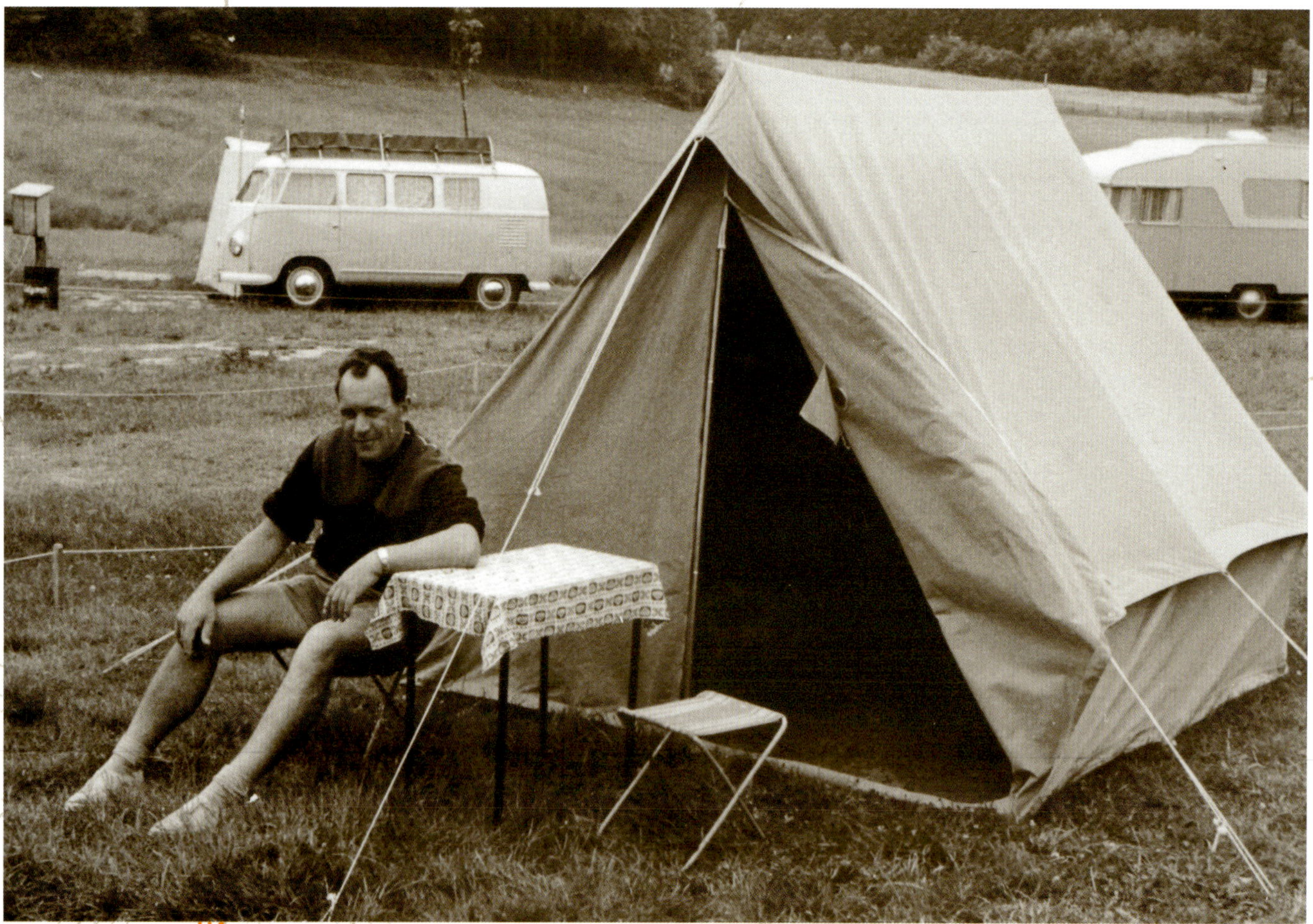

Links oben:
Eine Sitzbank, zwei Männer, ebenso viele Flaschen Bier (und womöglich noch ein Kasten im Auto) sowie eine Thermoskanne mit Kaffee. Selbst die Mittagspause konnte mit dem VW Kombi zum luftigen Vergnügen werden.

Foto: Archiv Johann Kleine Vennekate

Links unten:
In der Wirtschaftswunderzeit konnten sich die Deutschen bei zwei Wochen Jahresurlaub wieder erholen. Er führte an den Gardasee, Sonntagsausflüge ins heimatliche Umland. Ein VW Bus war häufig dabei.

Foto: Archiv Johann Kleine Vennekate

Wer einen Bus besaß oder am Wochenende das Geschäftsauto nutzen durfte, hatte keine Platzprobleme für das Zelt, die Luftmatratzen, Schlafsäcke und den Propangaskocher. Diese beiden Damen verfügen sogar über noch mehr Stauraum, hat ihr Bus doch einen Gepäckträger aufgesattelt.

Foto: Archiv Johann Kleine Vennekate

Selbst ein Kastenwagen leistet gute Wochenenddienste. Werktags transportiert er Speisequark mit Sahnezusatz aus dem Allgäu, am Wochenende dient der Molkereiwagen als Schlafzimmer am lauschigsten Plätzchen.

Foto: Archiv Johann Kleine Vennekate

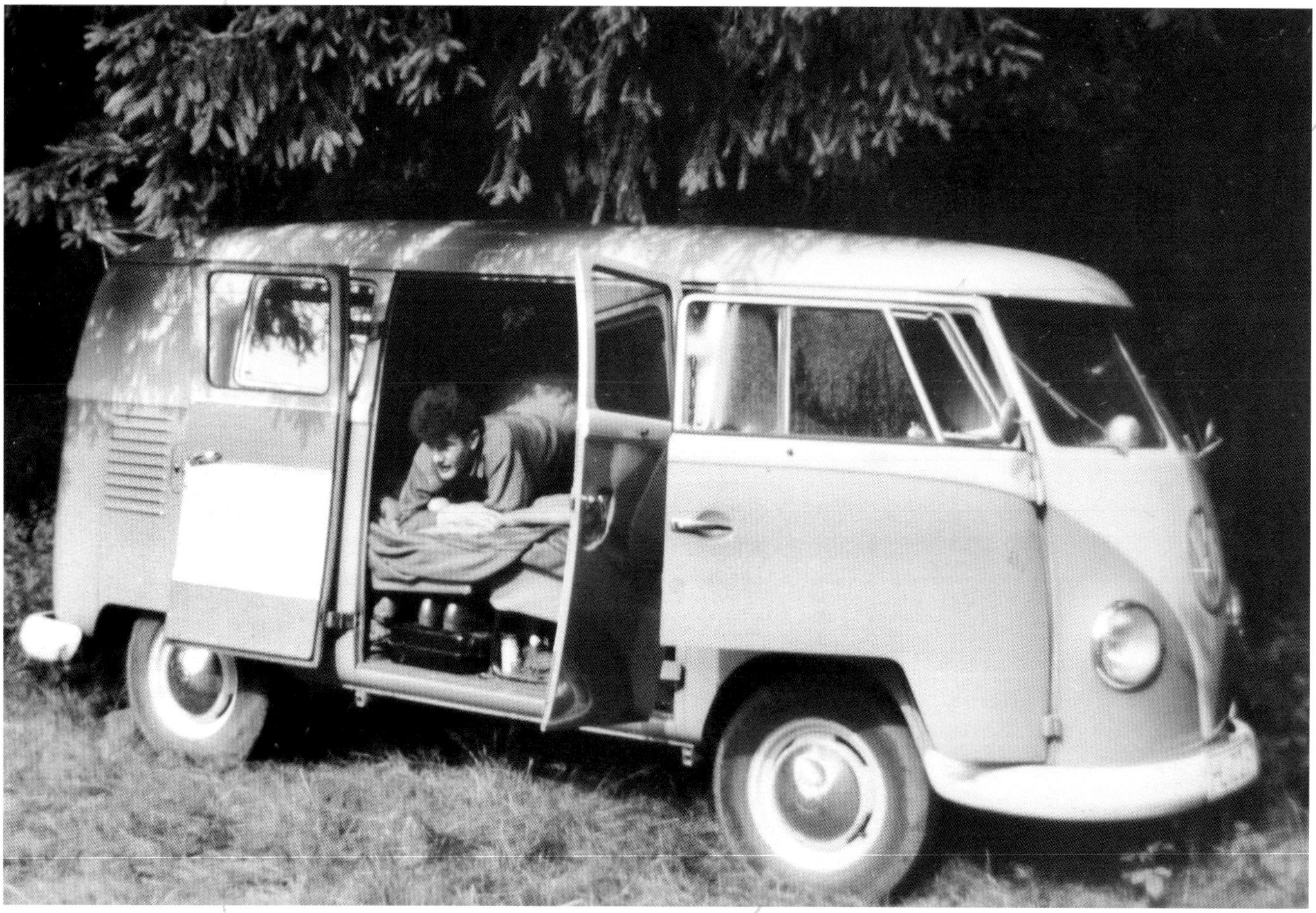

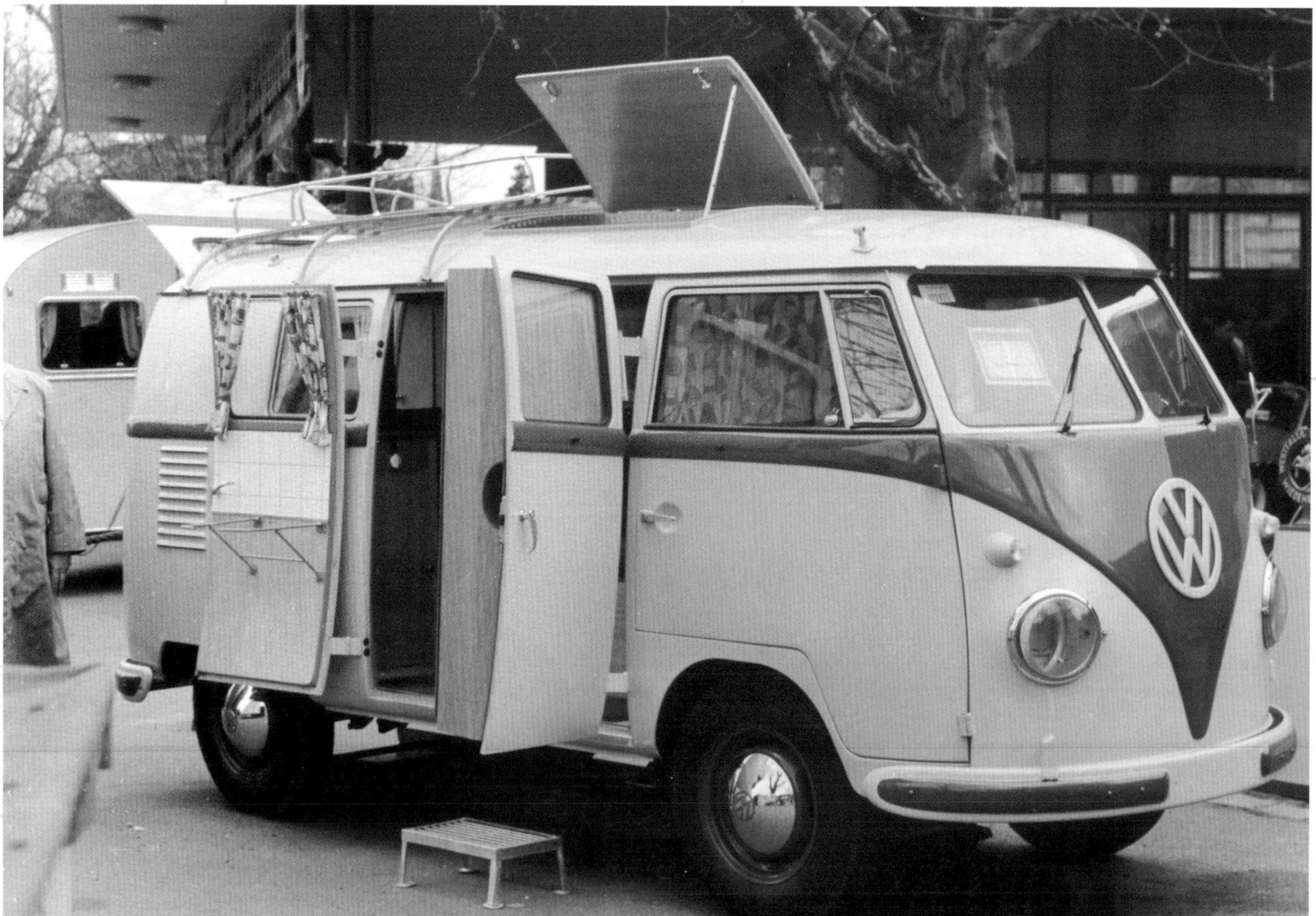

Links oben:
Ein enormer Vorteil des Busses gegenüber dem reinen Zelten: Hinfahren, schönstes Fleckchen Erde aussuchen und los geht's. Kein Zelt musste aufgebaut, und – vor allem – kein nasses Zelt nach einem Regenguss wieder verstaut werden. Auch ein Gewitter machte den Bus-Campern nichts aus. Die Idee zum professionell ausgebauten VW Campingwagen lag sehr nahe.
Foto: Archiv Johann Kleine Vennekate

Links unten:
Ein US-Offizier ließ sich 1951 bei Westfalia in Wiedenbrück den ersten VW Campingwagen ausstatten, und so ward die Idee geboren. Westfalia entwickelte die Camping-Box als Einbauset (1952) und kurz darauf komplett eingerichtete Campingmobile. Das abgebildete Fahrzeug steht auf dem Westfalia-Stand auf der Karlsruher Campingschau im April 1956.

Einzig die Westfalia-Fahrzeuge wurden offiziell über das Volkswagen-Händlernetz vertrieben, doch weltweit spezialisierten sich etliche Firmen auf den VW Kombi als rollendes Hotel. Ausstattung und Zubehör waren mannigfach: Doppelbett, Herd, Spültisch, Klapp-Esstisch, Kühlschrank, chemische Toilette, Wasserkanister, Waschbecken, Vorzelt, Hubdach – alles eine Frage des Geldes.

Die Inneneinrichtungen entsprachen dem Zeitgeschmack. Die Deutschen bevorzugten damals helles Birkenholz und kontrastierendes dunkles schweizer Birnenholz. Die Vorhänge sind Zeitgeist pur.

Rechts:
Die Touristenattraktionen Deutschlands, Österreichs und der Schweiz waren ab 1951 die Ziele des VW Samba-Busses. Er war für jedes Unternehmen ein Repräsentationsfahrzeug, stand in Diensten von Hotels oder Busunternehmen, beförderte Prominente oder Ausflugsgesellschaften. Dieses Foto spricht Bände: unter den rund 40 Fahrzeugen auf dieser Szenerie von 1954 finden sich neun Samba-Busse.
Foto: Archiv Johann Kleine Vennekate

1960er Westfalia-Campingbus mit Hubdach und Gepäckträger für die hintere Dachhälfte. Diese überhaupt nicht gestellte Szene entstand im Fotostudio vor einer Kulisse.

Camper mit großem Vorzelt, Exportstoßstangen und Weißringreifen. Der vordere Wagen trägt die großen Blinker ab August 1963, der hintere die kleinen des Vorgängertyps.

Samba-Bus mit nachträglich angebrachtem, mittigem Nebelscheinwerfer und ohne VW-Emblem in Österreich. Seine Zweifarbenlackierung wurde durch eine doppelte Aluminium-Zierleiste mit eingelassenem, farbigem Kunststoffstreifen abgesetzt, er trug viel Chrom.

Foto: Archiv Johann Kleine Vennekate

Typische Szenerie mit ausgelassenen Skifahrern in Tirol. Die Fahrgäste genossen verschwenderischen Luxus im Innenraum, und auch der Fahrer freute sich, saß er doch vor einem durchgehenden Armaturenbrett. Selbst die Heizung war aufwändiger konstruiert als im normalen Bus.

Foto: Archiv Johann Kleine Vennekate

Die abgerundeten hinteren Eckfenster waren nicht serienmäßig, wurden aber von den meisten Kunden geordert. Damit trägt ein Samba-Bus immerhin 23 Fenster. Zusammen mit dem Golde-Faltschiebedach sorgt das für einen lichtdurchfluteten Innenraum. Die hintere Stoßstange gehörte beim Samba ab März 1953 zum Serienumfang, und zwei Katzenaugen am Heck trugen alle Transporter ab 1952.

Foto: Archiv Johann Kleine Vennekate

1952er Samba-Bus in seinem Element: Mit sieben Mann an Bord, Jung und Alt, Männlein und Weiblein, auf einem dreiwöchigen Italientrip im Herbst 1953. Die absolute Schau ist natürlich der in jeder Hinsicht passende Westfalia-Anhänger. Farbgebung und Felgen harmonieren perfekt mit dem Zugwagen. Hier sehen wir ihn bei einer Rast auf der Fahrt ins Tal von Bellinzona am 6. Oktober 1953.

Foto: Archiv Thomas Lück

Ein kleines Malheur am 8. Oktober 1953, kurz vor Genua: Reifenpanne! Seien wir im Nachhinein froh darüber (nein, nicht schadenfroh). Denn dies Missgeschick beschert uns die Möglichkeit, den faszinierenden Hänger von hinten zu sehen. In ihm befanden sich zwei Familienzelte inklusive komplettem Camping-Gerödel.

Foto: Archiv Thomas Lück

Samba-Bus bei der Deutschen Schwarzwaldfahrt am 29. und 30. Mai 1951, also ein brandneues Fahrzeug, bei dem die charakteristische Alu-Zierleiste an der Flanke noch so richtig schön glänzt.

Derselbe Samba-Bus an gleicher Stelle nochmals, nun in Begleitung eines Gutbrod Superior. Volkswagen bot ihn mit verschiedenen Sitzkonfigurationen als Sieben-, Acht- und Neunsitzer an.

Auch hier sehen wir im Hintergrund einen Gutbrod Superior mit offener Haube, hinter dem Volkswagen steht ein Opel Olympia. Dieser Samba-Bus trägt die einzige verfügbare Uni-Lackierung, nämlich Steingrau. Ansonsten waren die frühen Sonderbusse stets dreifarbig, nämlich hellbeige mit braunbeige farbenem Oberteil sowie Siegellackrot mit kastanienbraunem oder steingrauem Oberteil, jeweils mit weißem Dach. Schon 1952 fiel das weiße Dach, also die dritte Farbe, weg und die Dächer waren wie das Oberteil lackiert.

Foto: Archiv Johann Kleine Vennekate

Die erste Nachkriegs-IAA im April 1951 in Frankfurt war die Drehscheibe für das Sondermodell, im Volksmund bald Samba-Bus genannt. Er war so schick und komfortabel, dass man vom ersten Statussymbol aus Wolfsburg sprechen kann. Heute ist ein Samba-Bus absoluter Kult, weil seine ganze Erscheinung das Flair der 50er Jahre in Reinkultur repräsentiert. Im Bild ein Samba-Bus ab März 1955 mit nach vorne überstehendem Dach samt Belüftungsanlage.

Früher Samba-Bus ohne Dachvorsprung, dafür anmutig mit Blümchen geschmückt. Anlass dazu war die Neueröffnung des VW-Betriebes Ames im niederländischen Dordrecht im Jahre 1953. Die Nebelscheinwerfer beim Samba-Bus und Käfer waren Werkszubehör.

Eine Karawane sehr früher Transporter, angeführt vom Samba-Bus mit für die ersten Jahre charakteristischem, weiß lackiertem Dach.

Foto: Archiv Matthias Braun

Das Hauptaugenmerk dieses Fotos liegt natürlich auf dem Mercedes-Renntransporter, mit Tempo 165 dem schnellsten seiner Art weltweit und landläufig »Das blaue Wunder« genannt, und der 300 SLR Huckepack zieht ebenso das Auge an. Doch recht prominent zeigt sich auch ein VW Samba-Bus, am linken Bildrand ein Ford FK1000 Kombi und darüber hinaus das automobile Alltagsspektrum des Jahres 1955.

Foto: Archiv Daimler

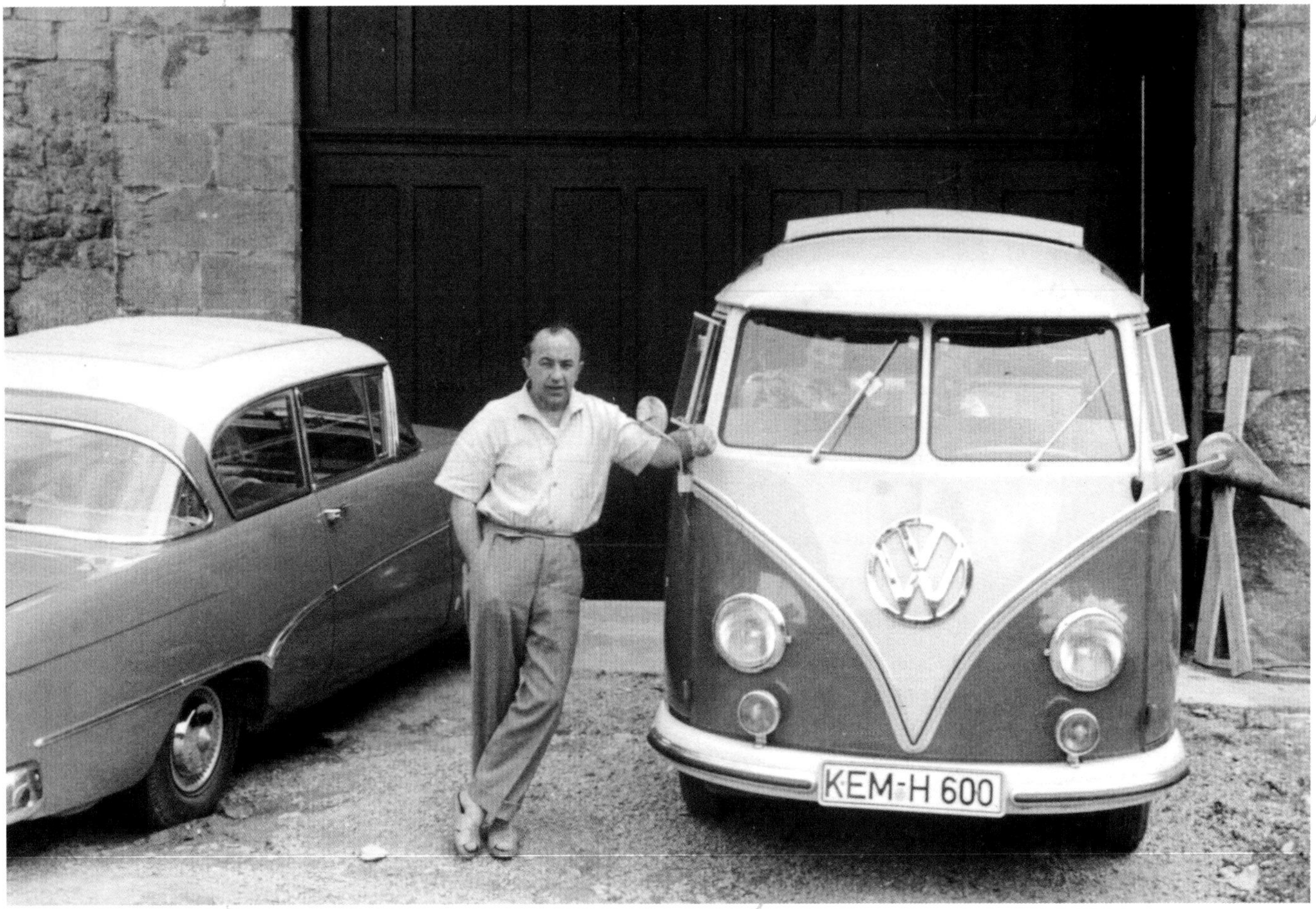
KEM-H 600

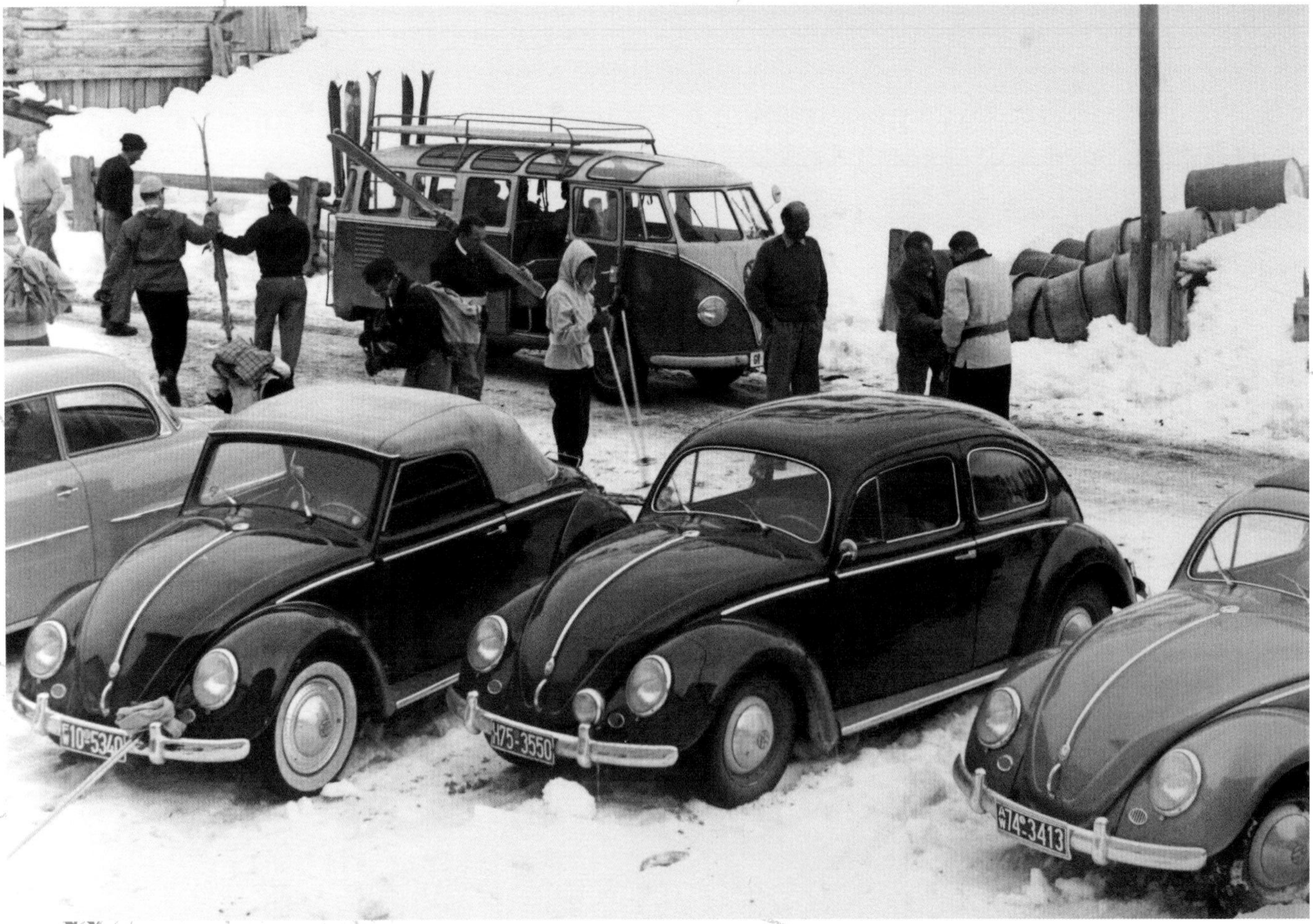

Links oben:
Opel Olympia Rekord PI (»Panoramascheiben-Rekord«) mit Samba-Bus aus dem Produktionszeitraum März 1955 bis Juli 1958, schon mit überstehendem Dach aber noch ohne Blinker, die Nebelscheinwerfer als Werksextra.

Foto: Archiv Johann Kleine Vennekate

Klassische Szenerie, klassisches Auto in klassischer Farbgebung: Samba-Bus im Jahre 1960, also mit Blinkern und verstärkten Stoßstangen, siegellackrot mit beigegrauem Oberteil.

Links unten:
Der Traum eines jeden VW-Sammlers: Früher Samba-Bus noch ohne hintere Stoßstange, mit Dachgepäckträger und Skihalterungen am Heck bestückt, davor ein rares zweisitziges VW Cabriolet mit Hebmüller-Karosserie sowie zwei Export-Käfer mit und ohne Faltdach. Aufnahme im März 1956 im Allgäu.

Mehrgenerationenfoto:
Links ein früher Samba-Bus mit hoher Motorhaube und hinterer Stoßstange zwischen März 1953 und März 1955, die beiden rechten Fahrzeuge stammen aus der Zeit August 1958 bis Juli 1960, noch mit kleinen Rücklichtern aber bereits verstärkten Stoßfängern, die beim Samba-Bus mit einer Zier- und Schutzleiste belegt waren.

Foto: Archiv Johann Kleine Vennekate

Die Aufnahme stammt von 1956, der Samba-Bus trägt bereits die aktuellen Kennzeichen und kommt aus Traunstein, der Bus noch die alten schwarzen mit weißer Schrift, er ist in der amerikanischen Zone Bayern zugelassen.

Foto: Archiv Johann Kleine Vennekate

Der unter Sammlern wohl begehrteste Samba-Bus, Version Juni 1960 bis Juli 1963, mit Blinkern, Zweikammerheckleuchten und stärkeren Stoßstangen, aber noch mit der kleinen Heckklappe und somit den hinteren Eckfenstern.

60er Jahre

Das ist sein Nachfolger ab August 1963, erkennbar an der großen Heckklappe mit ebenfalls großem hinteren Fenster; dafür fielen die hinteren Eckfenster weg. Vorne trägt der Transporter der letzten T1-Jahre wesentlich vergrößerte Blinker.

Ein Samba-Bus derselben Modellreihe, von hinten dem eigenen Nachfolger T2 zum Verwechseln ähnlich.

Foto: Beate Freytag

Dieses offiziell von Volkswagen angebotene Taxi ist ebenfalls ein Samba-Bus, wenngleich die Oberlichter fehlen. Sie waren aber stets ein aufpreispflichtiges Extra, doch nahezu kein Kunde wollte auf sie verzichten. Karosserieoberseite und -unterseite sind schwarz, lediglich das Dach (ohne Faltschiebedach) ist weiß lackiert. Weitere Besonderheiten: zwei seitliche Schiebetüren und Trennwand zwischen Fahrerkabine und Fahrgastraum. Die Zeit war damals für Großraumtaxis noch nicht reif.

Volkswagen-Stand auf der holländischen Automobilausstellung RAI 1951 mit Samba-Bus, Krankenwagen, Bus und zwei Export-Käfer, mit und ohne Faltschiebedach.

Jeder dieser Autobesitzer hat mindestens eine Maß Bier getrunken. Denn dieses ist der Parkplatz des Münchner Oktoberfestes im Herbst 1953. VW Transporter sind hier einige zu finden, prominent in Bildmitte ein Samba-Bus. Was für eine reizvolle Vorstellung, sich in diese Szenerie zu versetzen und ein wenig zwischen den Fahrzeugen zu lustwandeln!

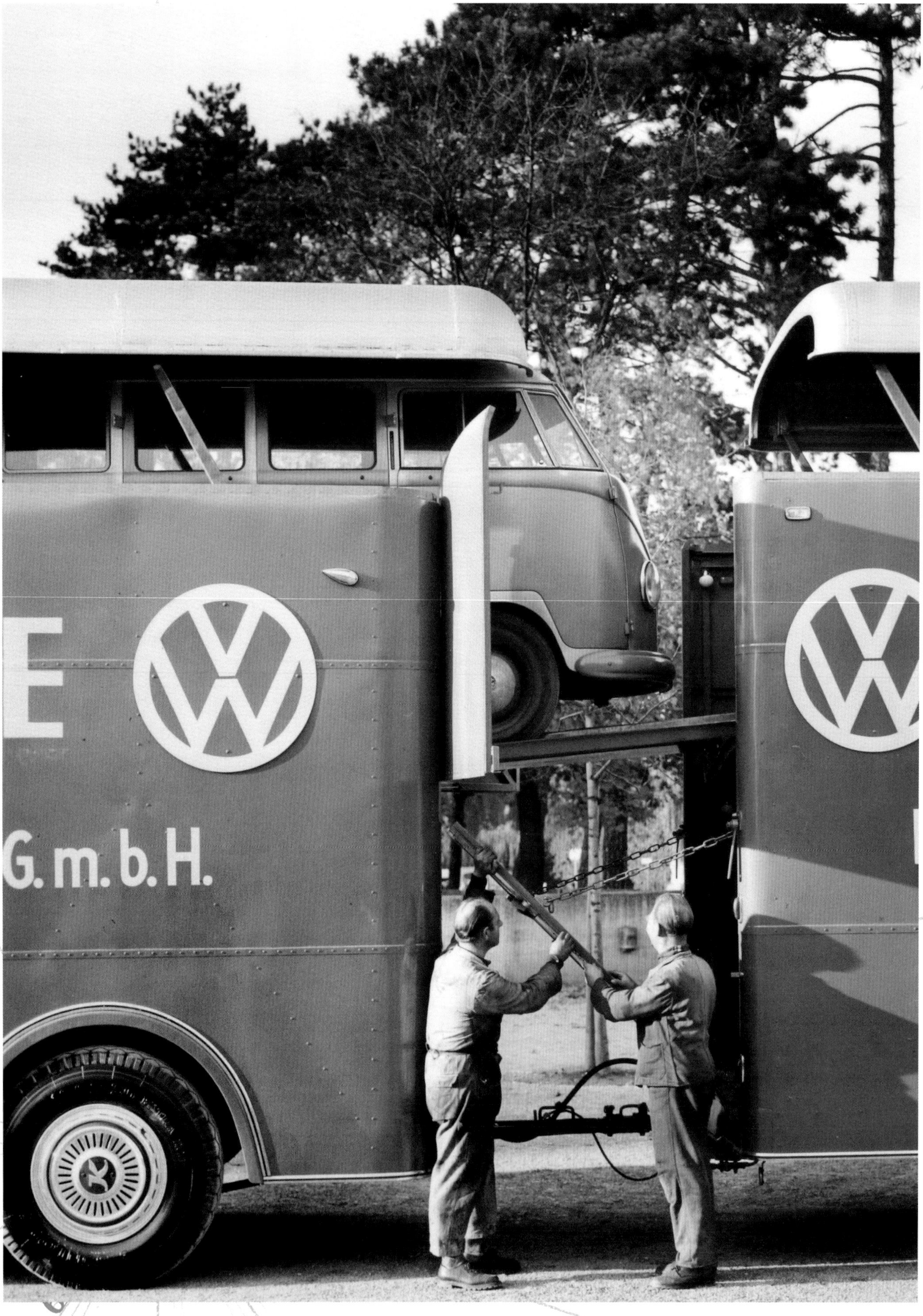
E
G. m. b. H.

Links:
Speziell für den Volkswagen Transporter entwickelte der Ulmer Aufbau-Hersteller Kässbohrer diesen überdachten Autotransporter mit Anhänger, gebaut im Oktober 1952.

Eine Aufnahme vom Herbst 1958, an einer leitplankenlosen deutschen Autobahn. Rechts ein neu gebauter ADAC-Infopavillon, am Fahrbahnrand ein VW Kastenwagen mit verglasten Laderaumtüren im typischen ADAC-Livrée, gelb mit schwarzer Karosserieunterseite, Dach, Felgen und Stoßfänger ebenfalls schwarz.

Hie findet ein vom ADAC veranstaltetes Lastwagenfahrer-Geschicklichkeitsturnier statt, und der ungewöhnlich karossierte Büssing ist ein vom Reifenhersteller Metzeler entwickeltes und von Kässbohrer gebautes Mess- und Registrierfahrzeug für die Reifenprüfung. Der Straßenwacht-Kastenwagen des Baujahrs 1954 trägt ebenfalls verglaste Laderaumtüren.

Ein Mittelding zwischen Kastenwagen und Kombi schaffte der ADAC in größeren Stückzahlen an. Die Wagen trugen je Seite zwei Laderaumfenster und hatten einen aufwändigen Innenausbau mit einem ausgeklügelten System für all die kleinen und großen Ersatzteile. Die ADAC-Flotte realisierte der Karosseriebauer Westfalia in Wiedenbrück. Dieser auf Hochglanz polierte Transporter zieht eine Seifenkiste, und der Anlass ist ein Festkorso zum 800. Geburtstag der Stadt München.

Foto: Archiv Matthias Braun

Mobiler Lichttest des ADAC an einem regnerischen Augusttag 1959. Der leuchtende Probant ist ein Opel Olympia Rekord PI, und der mit einem Dachgepäckträger bestückte Straßenwacht-Transporter hat einen Geräteanhänger im Schlepptau.

Wieder der typische ADAC-Transporter, nun mit einem speziellen Wohnwagen am Haken. Er diente bei Veranstaltungen als Büro für verantwortliche Funktionäre sowie der gezielten Mitgliederwerbung. Im Vordergrund rechts sind die in den 50er Jahren üblichen ADAC-BMW-Maschinen zu sehen, in deren Beiwagen das Werkzeug und Ersatzteildepot untergebracht waren.

ADAC-Szene auf dem Lande: Am Traktor werden die Scheinwerfer überprüft und so eingestellt, dass sie den Gegenverkehr nicht blenden.

Selbst auf der Schiene war der Bulli daheim. Die Firma Martin Beilhack im bayerischen Rosenheim entwickelte einen Schienenbus auf Transporter-Basis. Damit wurden die Arbeiter der Bahnämter zu Gleisbaustellen transportiert, vereinzelt wurde er auch für Personentransporte auf entlegenen Strecken eingesetzt. Die VW-Draisine hatte einen stabilen Leiterrahmen, Starrachsen, Waggonscheibenräder an Blattfedern und eine hydraulische Anhebevorrichtung, um das Fahrzeug auf freier Strecke um 180 Grad zu drehen.

Reges Treiben auf dem Amsterdamer Flughafen Schiphol mit etlichen Jets vom Typ Douglas DC-8. Zwischen vielen Flugfeldfahrzeugen tummeln sich diverse VW Transporter, und das Exemplar vorne rechts ist ein Jet-Starter.

60er Jahre

Nahaufnahme des Jet-Starters der KLM (Koninklijke Luchtvaart Maatschappij, deutsch: Königliche Luftfahrtgesellschaft). Der Kastenwagen trägt in seinem Inneren ein Startaggregat für Düsentriebwerke, also einen Kompressor, der genügend Druckluft liefert um Düsentriebwerke und Propellerturbinen über längere Zeit zu drehen. Die Schläuche vorne dienen dazu, dass der Servicewagen mit gehörigem Abstand zum Flieger positioniert werden kann, um die übrigen Wartungsarbeiten nicht zu behindern.

Auf dem winterlichen Frankfurter Flughafen steht eine Lockheed L 1549 A Super Star D-ALUB, bei der Lufthansa von 1957 bis 1965 im Einsatz, daneben ein VW Bus in Lufthansa-Farben (dunkelblau mit gelb) des Baujahrs 1959 sowie zwei Elektro-Karren.

Foto: Archiv Lufthansa

VW Pritschenwagen, ebenfalls im Lufthansa-Livrée und ebenfalls Baujahr 1959, nun auf dem Hamburger Flughafen neben einer höhenverstellbaren Anhänger-Gangway, die ins Innere einer Lockheed L 1049 G Super Constellation führt.

Foto: Archiv Lufthansa

In Diensten der PAA (Pan American World Airways) aber auf dem österreichischen Flughafen Tulln stationiert ist dieser frühe Bus ohne hintere Stoßstangen, also vor Dezember 1953 gebaut.

Foto: Archiv Johann Kleine Vennekate

60er Jahre

Lufthansa-Kombi des Produktionszeitraumes März 1955 bis Juli 1958 vor einer Vickers Viscount V-814 und einem Elektrokarren für Postgut.
Foto: Archiv Lufthansa

Dieser Samba-Bus ist die älteste Version, ohne hintere Stoßstange, dafür mit einer gummibelegten Schutzleiste, ohne Heckklappe, dafür mit der hohen Motorhaube, hinter welcher das Reserverad stehend untergebracht war, und mit nur einem Katzenauge hinten links. Gebaut von April 1951 bis 1952, dann erhielten alle Transporter ein zweites Katzenauge.

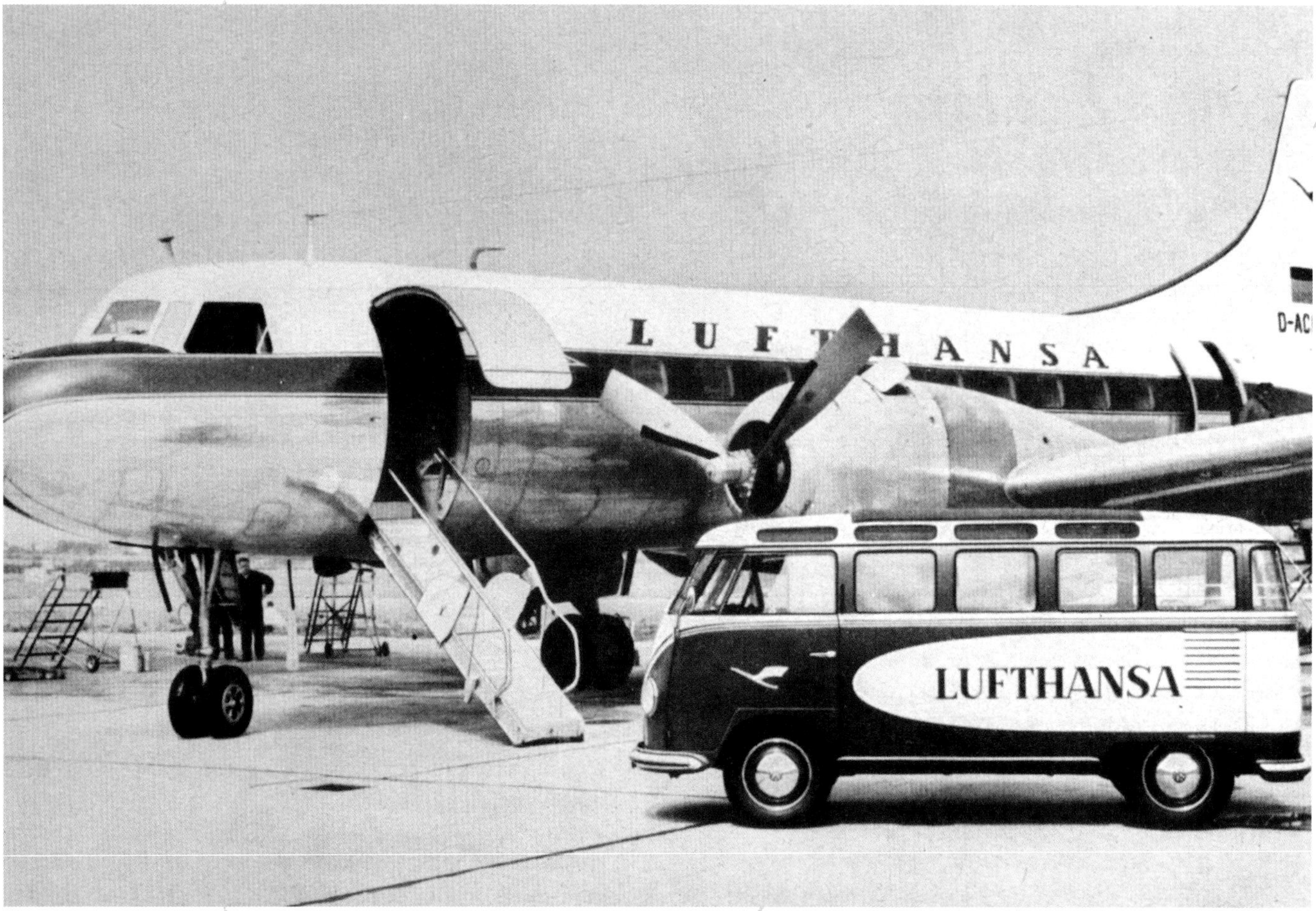
LUFTHANSA
LUFTHANSA

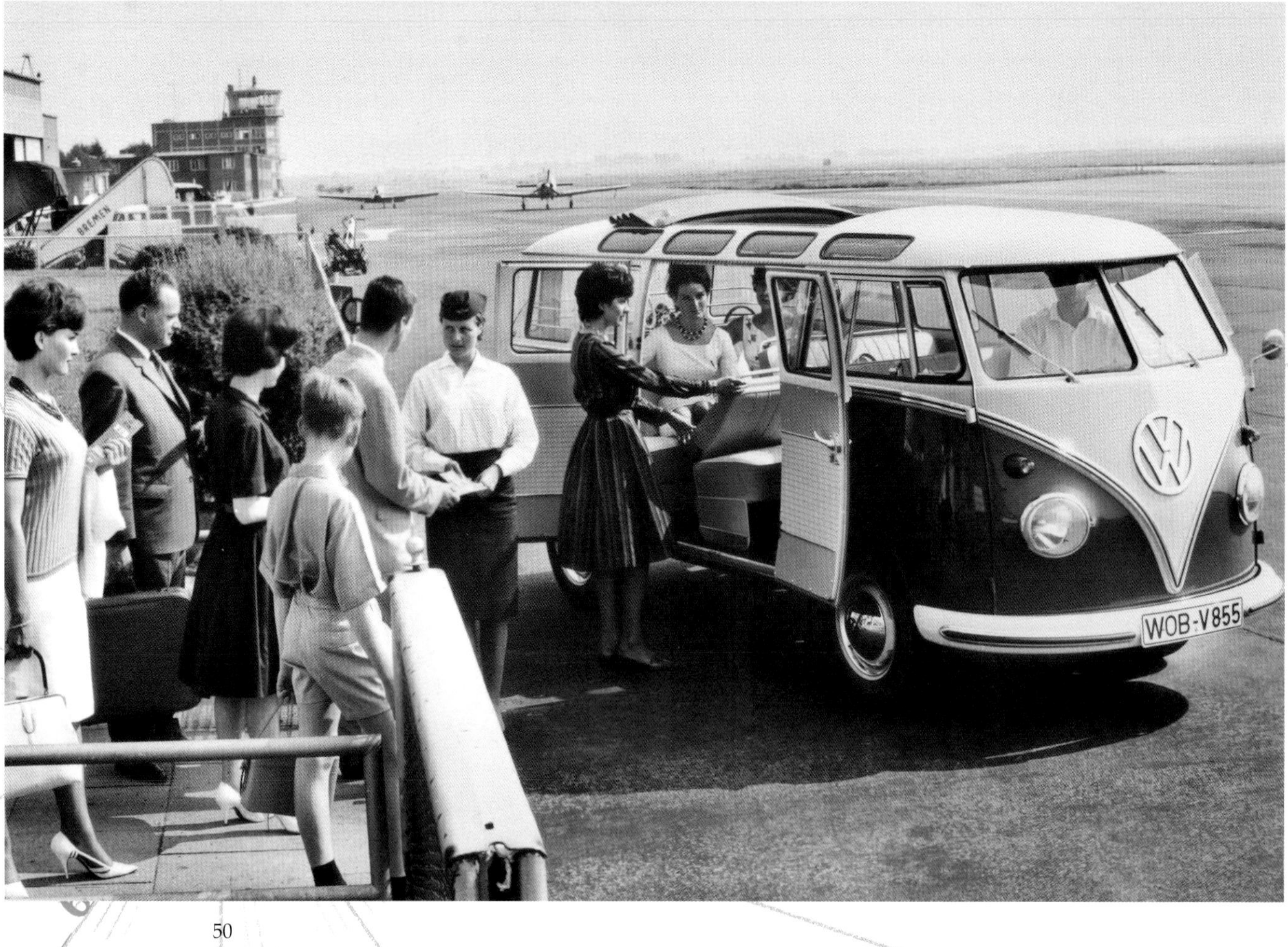
WOB-V855

Links oben:
Auch in Lufthansa-Diensten stand der Samba-Bus, hier die Version März 1955 bis Juli 1958.

Unter der Flagge der amerikanischen Besatzer lief dieser Pritschenwagen der US-Luftwaffe. Damit auch ja kein Unbefugter einsteigt, steht auf der Türe geschrieben: For official use only. Der Pritschenwagen stammt aus der Zeit April 1954 bis Februar 1955, daran ersichtlich, dass er noch kein überstehendes Dach aber bereits eine hintere Stoßstange trägt.
Foto: Archiv Johann Kleine Vennekate

Spezieller Samba-Bus des niederländischen Reichsluftfahrtdienstes als Wetterstation mit Glaskuppel und aufgestellter Windhose. Aufnahme vom September 1956.

Links unten:
Eine etwas gestellte Szene auf dem Flughafen Berlin-Tempelhof mit einem Samba-Bus, hergestellt zwischen Juni 1960 und Juli 1963.

Die holländischen Flughafen-Samba-Busse trugen spezielle, größere Rücklichter; an diesem Fahrzeug vom Dezember 1957 ist die Windhose in Transportstellung montiert.

Blick ins Innere des Wetterstation-Samba: Mittels Teleskopsitz blickte der Luftkontrolleur durch die Plexiglaskuppel in die Weiten des Himmels, dank der Windhose hatte er die Windverhältnisse vor Augen, und konnte landende Flugzeuge zielgenau dirigieren.

Rechts oben:
VW Kombi des Produktionszeitraumes 1963 bis 1967 in der neuen Lufthansa-Lackierung (gelb mit blauem Streifen) vor einer Boeing 707. Aufnahme von 1968.
Foto: Archiv Lufthansa

Rechts unten:
Dem Flugfeld folgt die Rennstrecke, ebenfalls ein Terrain, von dem der VW Transporter nicht wegzudenken ist. Am 22. April 1967 hat es am Nürburgring wieder geschneit, nicht unüblich in der Eifel um diese Jahreszeit. Szene vom 30. Eifelrennen mit VW Kombi und Großraum-Krankenwagen, gebaut von den Clinomobil-Hospitalwerken in Hannover-Langenhagen.

60er Jahre

OV
D-ABOV
Lufthansa
D-ABOT
Lufthansa

SHELL
SHELL
DUNLOP
REIFEN
DUNLOP
DUNLOP
Continental
ELECTROLA

VW Kombi mit Dachlautsprecher, Nebelscheinwerfern und verchromtem VW-Emblem als Renndienstwagen von NSU, ein sehr frühes Fahrzeug ohne Heckstoßstange und mit vorderen Ausstellfenstern, also aus dem ersten Produktionsjahr vor April 1951.
Foto: NSU GmbH

Rechts oben:
Pritschenwagen mit vergrößerter Holzpritsche, an den großen Blinkern als Version nach August 1963 zu identifizieren, als Porsche-Renntransporter. Der Zuffenhausener Rennstall schaffte eine Flotte dieser Wagen für die kleinen Formel-V-Rennwagen an. Aufnahme im Mai 1965 beim Schaulauf in Eberbach.
Foto: Archiv Porsche

Rechts unten:
Hier sehen wir einen Vertreter dieser Flotte, begleitet von zwei Essener Käfer, von Theo Decker getunt, bei der Alpenüberquerung gen Italien zu einem dortigen Rennen.
Foto: Archiv TDE Tuning; ACB-Verlag

Ein anderer NSU-Renndienstwagen, ebenfalls ein sehr frühes Baujahr, mit hübscher Seitenwandillustration und dem werbewirksamen Hinweis auf den NSU-Weltrekord auf der Türe.
Foto: NSU GmbH

Dieser NSU-Bus, erneut anders gestaltet und nunmehr ein Baujahr 1953, trägt ein optionales Golde-Faltschiebedach.
Foto: NSU GmbH

60er Jahre

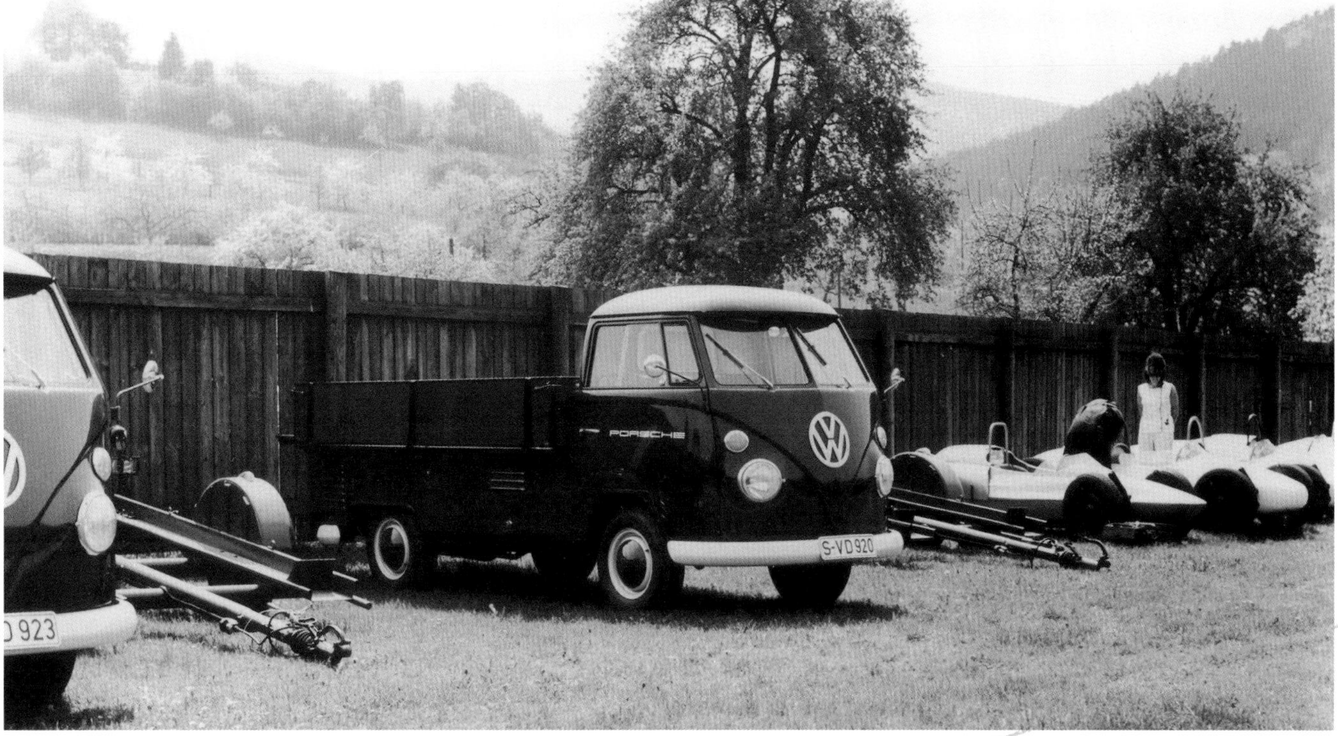
PORSCHE
S-VD920
D 923

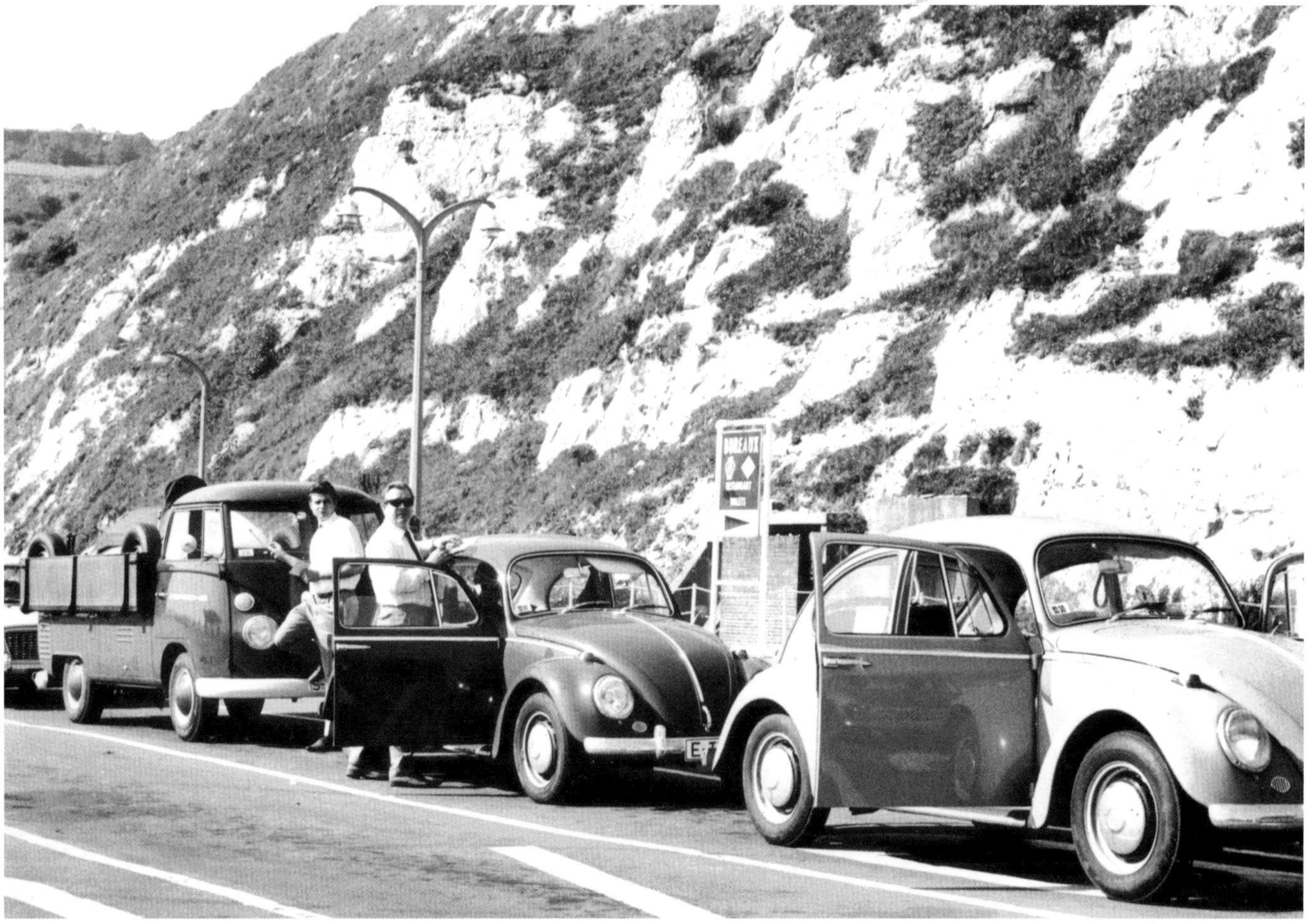

Der amerikanische Rennstall Bunker hatte einen in Eigenregie verlängerten Pritschenwagen, dessen Ladefläche auf die Dimensionen eines Porsche RSK zugeschnitten waren. Das Fahrzeug wurde rekonstruiert und präsentiert sich hier auf der Essen Motor Show.

Foto: Peter Brunner

Rechts:
Plaketten am Auto spazieren zu fahren war eine große Mode der 50er Jahre, quasi der Vorgängertrend des Aufkleberwahns. Die Metallplaketten, im besten Falle aufwändig emailliert, waren Souvenirs aus Städten, die man bereist hatte oder von Veranstaltungen, an denen man teilgenommen hatte. Diese Bus-Fahrer war dem Sport offenbar besonders verfallen, die Aufnahme entstand bei der Sternfahrt von Meran im Sommer 1955.

Kundendienst-Kastenwagen in Diensten eines Volkswagen-Händlers mit einem Käfer auf einem Tieflade-Pkw-Anhänger, gefertigt von der Firma Ernst Hahn Fahrzeugbau in Fellbach bei Stuttgart. Die drei Belüftungsschlitze an den oberen Seitenwände wurden im September 1950 eingeführt.

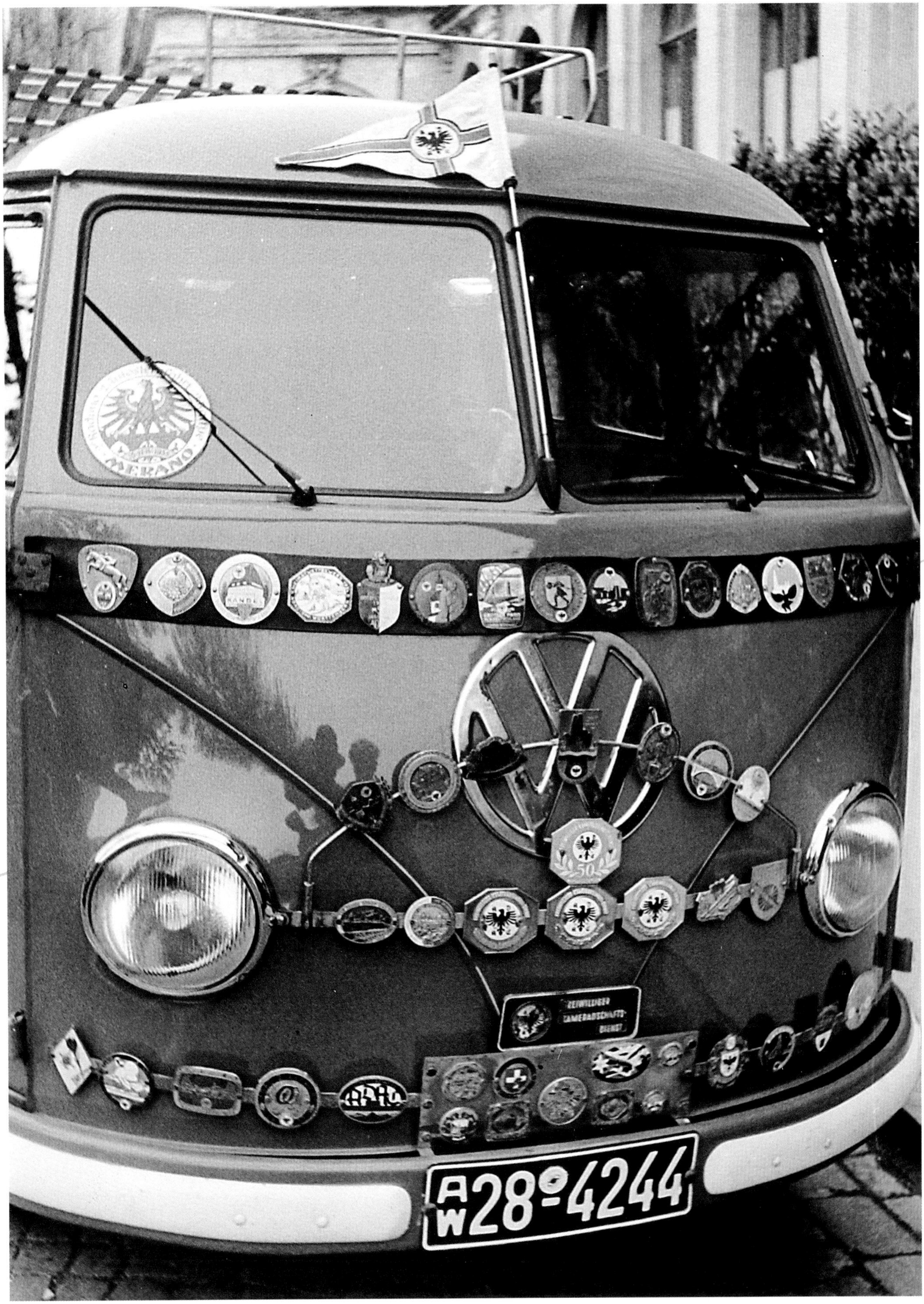
AW 28-4244

Der typische Wagen der Verkehrspolizei war natürlich der VW Kombi, hier am Ort des Unglücks, nämlich dem Karlsruher Bahnhofsplatz. Einen Lloyd hat es aufs Dach gelegt. Dazu brauchte es nicht viel. Wegen seines hohen Schwerpunktes und der Pendelhinterachse genügte schon ein kleiner Schups, um den Bremer Kleinwagen aus dem Gleichgewicht zu bringen.

1963er VW Kombi als Vernehmungswagen bei der Münchner Polizei. Er hatte zwei sich gegenüber situierte Sitzbänke und dazwischen einen Tisch für die Protokolle. Neben dem Gefangenenwagen mit vergitterten Fenstern und dem Vernehmungswagen (offiziell: Verkehrs-Unfall-Kommandowagen) war auch ein Radarfahrzeug im normalen VW-Programm erhältlich.

60er Jahre

Doppelkabine mit Plane, Gepäckträger, Lautsprecher und extra hohem Blaulicht der niedersächsischen Polizei.

Foto: Archiv Johann Kleine Vennekate

Ein sehr zivil anmutender VW Bus im Dienste eines niederländischen Sondereinsatzkommandos.

Die holländische Militärpolizei nimmt einen Verkehrsunfall zwischen einem Radler und einem Autler auf. Bemerkenswert am britischen Ford Consul ist der völlig unprofessionell mit aufgenietetem Blech reparierte Türschweller.

In der Stadt galt in den 50ern bereits Tempo 50, außerorts gab es noch keine Geschwindigkeitslimits. Im speziell angefertigten Vorbau des Radar-Kombis saßen Blitzlichtgeräte und Kamera. Aufgenommen wurden die Sünder ausschließlich von hinten.

Foto: Archiv Johann Kleine Vennekate

60er Jahre

In den 60er Jahren waren die Radar-Kombis weniger auffällig gestaltet. Die Apparate befanden sich auf der Beifahrerseite im Innenraum, während des Einsatzes wurde die rechte Fahrzeugfront inklusive Scheibe geöffnet und der Volkswagen war schussbereit. Zeigte er sich zahm, so ließ er sich nahezu nicht von einem zivilen Kombi unterscheiden.

Die Polizei löst eine Sitzdemonstration anno 1961 auf, die Delinquenten werden zur Vernehmung oder bereits verhaftet in den Kombi bugsiert.

62

Links oben:
Nicht nur zur Auflösung einer Demo diente der VW Transporter, auch zu deren Anführung. »Vollen Mutes« (so die Übersetzung der flämischen Inschrift auf dem Pritschenwagen) ziehen die Bauern mit ihren Traktoren in die Stadt zur Durchsetzung ihrer Belange.

Links unten:
Hier geht es richtig zur Sache: Kastenwagen der letzten Evolutionsstufe der ersten Bulli-Generation (1963 bis 1967) mitten im Geschehen bürgerlichen Ungehorsams.
Foto: Archiv Johann Kleine Vennekate

Von Anbeginn der Transporter-Produktion bot Miesen in Bonn Krankenwagen auf VW-Basis an. Ab Dezember 1951 machte Volkswagen dieses Geschäft selber, eine Gemeinschaftsentwicklung der Wolfsburger mit dem Roten Kreuz und der Deutschen Ambulanz-Hilfe.
Foto: Archiv Johann Kleine Vennekate

Kein Krankenwagen, aber in dessen Dunstkreis zu sehen ist dieser Kastenwagen des südbayerischen Blutspendedienstes mit speziellem Equipment und interner Kühlanlage, um die Blutkonserven frisch zu halten. Das Münchner Fahrzeug stammt von 1959, die Aufnahme datiert vom Dezember 1963.

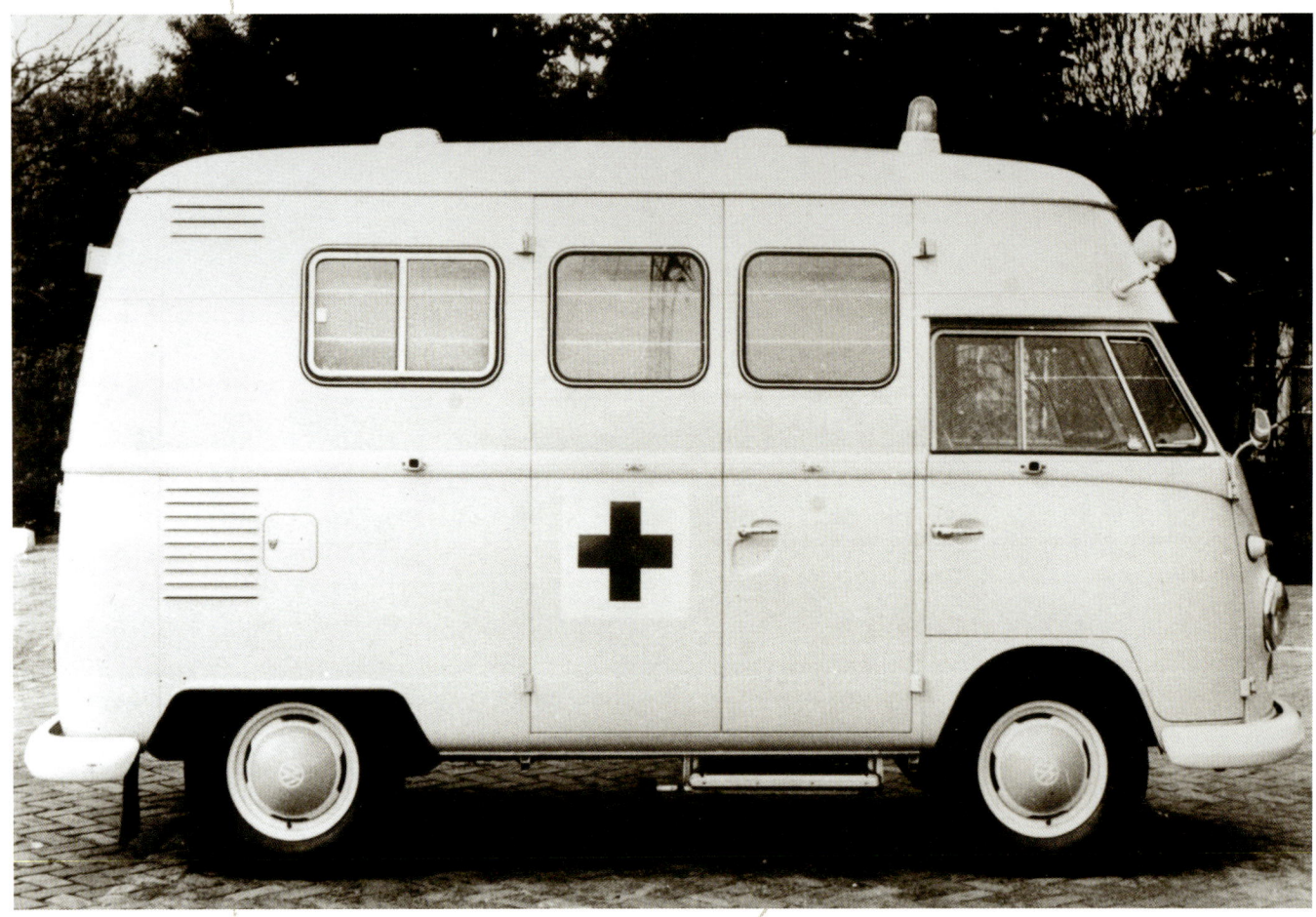

Auf den ersten Blick ein Großraum-Krankenwagen, der dem Bonner Ambulanzspezialisten Miesen oder der Firma Clinomobil-Hospitalwerke in Hannover-Langenhagen zugeschrieben wird. Aber das täuscht. Diese Ambulanz stammt aus Holland, nämlich von Visser in Leeuwarden.

Feuerwehr-Kombi, modernisiert mit nachträglich angebrachten vorderen Blinkern, keine Originalteile. Es gab kaum eine deutsche Feuerwache, die keinen VW Transporter besaß. Er transportierte die Tragkraftspritze mit verschiedenen Wasserschläuchen und das ganze Equipment, das die Feuerwehr bei kleineren Einsätzen benötigte. Aber der Hauptkonkurrent von Ford hatte bei den Floriansjüngern bald die Nase vorne: Er bekam 1954 die 15m-Maschine mit 55 PS und war deshalb schlichtweg agiler als der VW Transporter, und Schnelligkeit ist wichtig für die Feuerwehr.

Nahezu jeder Lieferwagen ist zu allen Zeiten zum Bestattungswagen umgebaut worden. Aber kaum einer eignete sich dazu so wenig wie der VW Transporter. Wegen des Heckmotors hatte er keine ebene Ladefläche auf Sarglänge zu bieten. Beim abgebildeten Exemplar, das alles andere als repräsentativ wirkt, dürfte das Ladeniveau auf die obere Motorenhöhe angehoben worden sein, womit eben viel Raum im Mittelbereich verschenkt wurde.

Foto: Archiv Johann Kleine Vennekate

Wenn schon VW Transporter als Bestattungswagen, dann bitte so: Der Münchner Karosseriebauer Albert Heidemann nahm den Pritschenwagen als Ausgangsprodukt für seine Schöpfung, hier im Rohzustand zu sehen.

Fertig lackiert sieht der Heidemannsche Bestattungswagen für das VW-Transporter-gewöhnte Auge etwas extravagant aus, entbehrt aber nicht einer gewissen Eleganz. Dennoch stellt sich wirklich die Frage: Warum hat der Auftraggeber nicht irgendeinen anderen Transporter mit Frontmotor gewählt? Warum musste es ausgerechnet ein VW sein?

Rundliche Linien dominieren die Schöpfung Albert Heidemanns, die hinteren Türen sind eine völlige Eigenkonstruktion. Das Fahrzeug entstammt dem Produktionszeitraum August 1958 bis Juli 1960; bereits verstärkte Stoßstangen aber noch keine Zweikammer-Heckleuchten.

VW Pritschenwagen als Lafettenfahrzeug. Die Bordwände sind abgenommen, der blumengeschmückte Sarg ist auf der Plattform aufgebahrt. Das Fahrzeug führt einen Trauerzug auf dem Weg zum Wiener Zentralfriedhof an.

Foto: Archiv Johann Kleine Vennekate

VW Kastenwagen der holländischen Streitkräfte, im Hintergrund ein Citroën Traction Avant. Das Volkswagenwerk verkaufte viele Fahrzeuge an die Militärs im Nachbarland, und ab Fließband gab es die Sonderlackierung »Niederländisch-Militärgrün« mit der Farbnummer 609.

Der Kastenwagen von der Seite. Die Schranktüren hatten keinen eigenen Griff, geöffnet wurde via Seilzug von innen. Die zusätzlichen Entlüftungsschlitze an den oberen Seitenwänden bestimmen das Baujahr als September 1950 bis Dezember 1952, denn dann wurden die Schiebe- durch Kurbelfenster ersetzt.

Niederländischer Militärkastenwagen mit nachträglich eingesetztem, etwas klein geratenem Seitenfenster, ebenfalls September 1950 bis Dezember 1952.

60er Jahre

Auf den ersten Blick ein ganz normaler Kombi, aber nur auf den ersten. Das hintere Seitenfenster ist ein wenig größer als die beiden anderen, und das zeigt, dass auch an diesen holländischen Militär-Kombi ein Karosseriebauer Hand angelegt hat.

Der Achtsitzer-Bus in Diensten der Bundeswehr ist ein Prototyp. Er trägt eine alles andere als elegante Frischluftzufuhr oberhalb der Windschutzscheibe. Diese Komfortausstattung wurde ab 1955 eingebaut, dann allerdings integriert in den verlängerten vorderen Dachvorsprung. Bei diesem Wagen von vor März 1955 wirkt der Luftansaugkanal sehr aufgesetzt und provisorisch.

Foto: Archiv Matthias Braun

Niederländischer Militärkombi beim Abzug der holländischen Streitmacht aus Neu-Guinea im Herbst 1962. Die Insel liegt nördlich von Australien, West-Guinea war bis Oktober 1962 niederländische Kolonie und wurde dann Indonesien unterstellt.

Diese Damen werden in Holland Milvas genannt. So heißen dort die weiblichen Soldaten.

60er Jahre

Das holländische Militär hatte, im Gegensatz zur Bundeswehr, sehr vielfältige und individuelle Spezialaufbauten auf VW Transporter, so diese mobile Kantine mit erhöhtem und dank Zusatzfenster lichtdurchflutetem Dach, welches Stehhöhe für den Verkäufer respektive Koch garantiert.

Ebenfalls eine fahrbare Kantine, aber ganz anders in der Ausführung. Auch wenn es auf den ersten Blick erscheinen mag, dass ein Pritschenwagen als Ausgangsprodukt diente, so täuscht das. Der Aufbau ist in der Art der britischen Fish-&-Chips-Verkaufswagen gehalten.

Ebenfalls eine mobile Militärkantine, nun tatsächlich auf einem Pritschenwagen basierend. Aber dieser hat einen rund einen Meter längeren Radstand.

Hier sehen wir den verlängerten Pritschenwagen in voller Pracht, diesmal als Funkwagen. Die Radstandsverlängerung ist die Arbeit des niederländischen Karosseriebauers Kemperink, und vom abgebildeten Fahrzeug gingen 1966 acht Exemplare an die holländische Luftwaffe.

Nun geht es weit ziviler weiter: Das Foto kann einfach nur lustig sein. Möglich ist aber auch eine ironische Anspielung auf die Rollermobile und Kleinstwagen, die Mitte der 50er Jahre wie Pilze aus dem Boden schossen und es jedermann ermöglichen sollten, mobil zu sein. Jedenfalls hoppelt die junge Dame zusammen mit ihren Einkaufstaschen über Kaiser-Wilhelm-Gedächtnispflaster, und die Schulmädchen wissen nicht, was sie von dieser Szenerie halten sollen.

Foto: Archiv Johann Kleine Vennekate

Alltagsgeschehen 1954 in München, beim eben erbauten Parkhaus am Stachus. Dem VW Kombi folgt ein Vorkriegs-DKW F8 Cabriolet, im ersten Parkdeck ist ein Opel Olympia Rekord zu erkennen.

Salzburg im Sommer 1957. Touristen wandeln auf Mozarts Spuren, die einen kommen im Messerschmitt Kabinenroller (»Menschen in Aspik«), die anderen im taubenblauen VW Kombi. Beim Metzgerwirt oder im Gasthof zur Post wird anschließend Tellerfleisch und Nockerln gegessen.

Foto: Archiv Matthias Braun

Eine Nachwuchsmannschaft des Batavus-Radrennteams hatte einen VW Bus als Team- und Servicewagen. Augenscheinlich werden hier Proben für den Dopingtest gegeben.

Rechts oben:
Der VW Transporter war letztlich nur ein Transporter unter vielen. Aber er repräsentierte all die Vorteile, welche der Käfer für sich erworben hatte. Und dazu gehörte ein sehr enges Kundendienstnetz. Im Bild eine Kombi-Flotte auf einem Münchner Autohof 1960, an der Straße parkt ein DKW Munga in Bundeswehr-Diensten.

Rechts unten:
Der Kombi unterschied sich vom Kastenwagen hauptsächlich durch seine zusätzlichen Seitenfenster und seine zwei Sitzreihen im Laderaum. Wurde dieser für gewerbliche Zwecke benötigt, konnten die Möbel mit Flügelschrauben rasch entfernt werden. Hier gesellen sich zum Kombi an der Aral-Tankstelle ein Ford Taunus Transit, sein Hauptmitbewerber auf dem deutschen Markt und pikanterweise ebenfalls von Alfred Haesner entwickelt, sowie ein Ford Weltkugel-Taunus und eine Goggo Limousine.

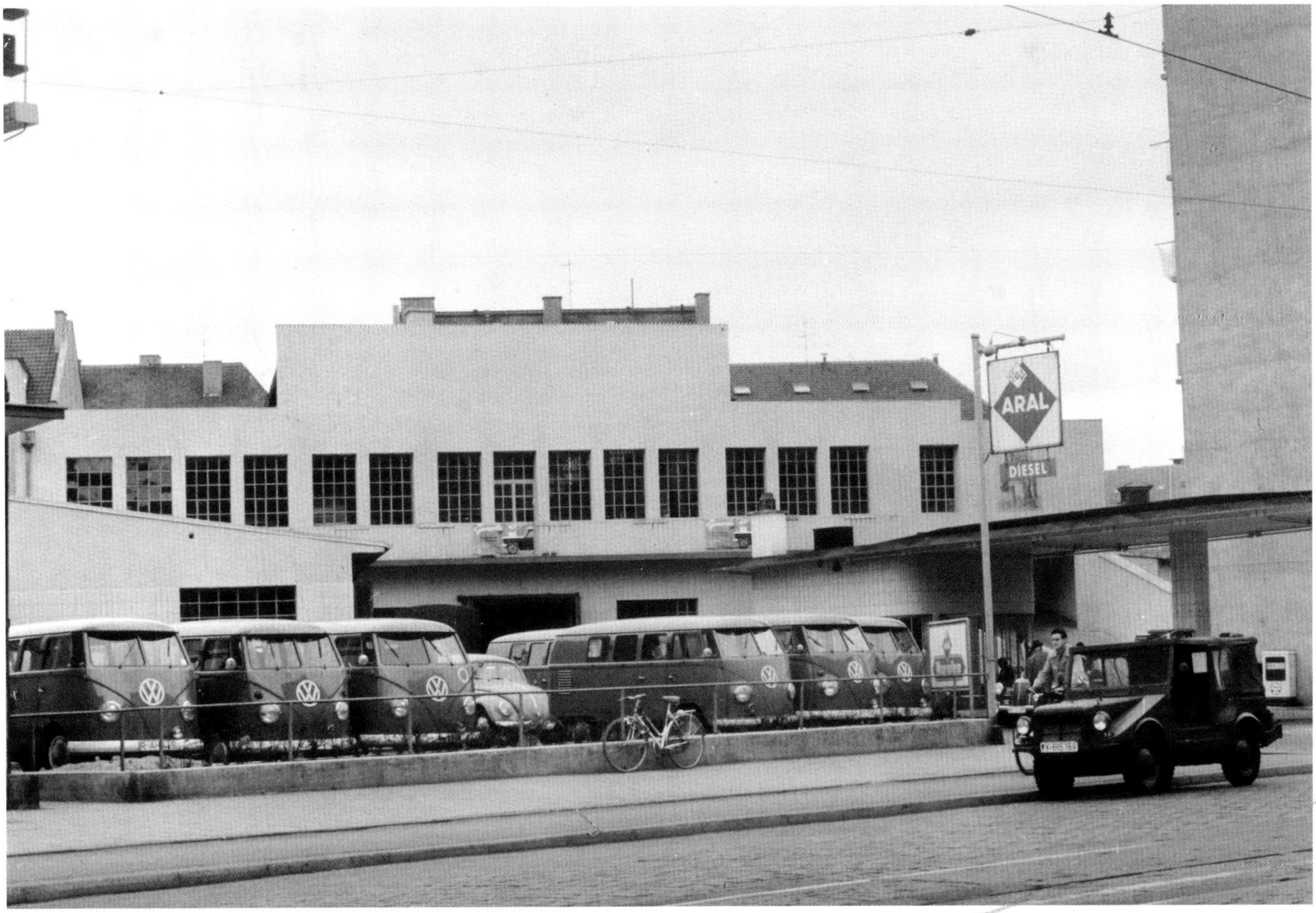
ARAL
DIESEL

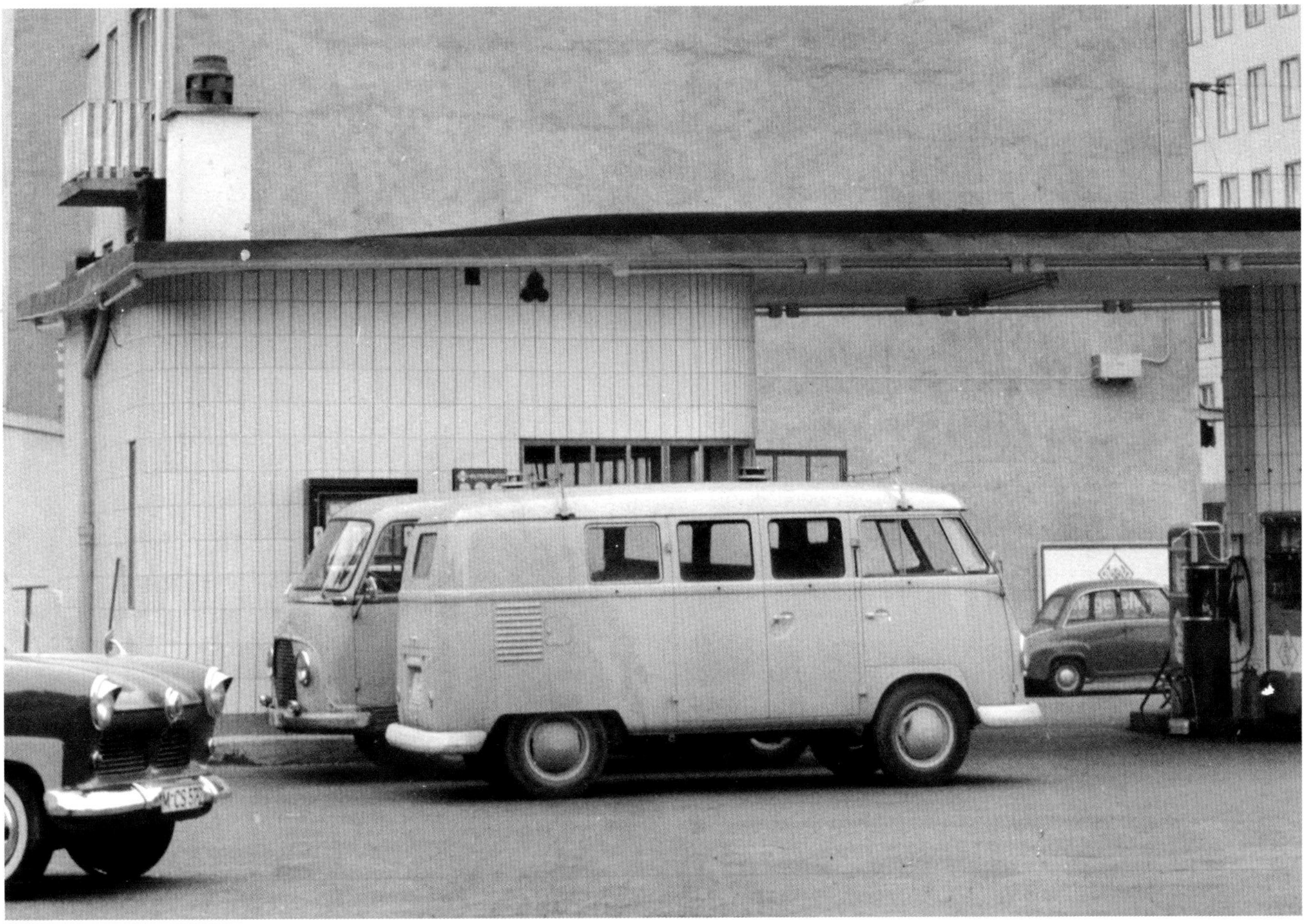

Münchens Prachtboulevard, die Leopoldstraße, am 15. November 1954. Es ist kalt und regnerisch, der Student auf dem Fahrrad verflucht seine Armut, die Passanten haben die Mantelkrägen hoch geschlagen, der Käfer-Cabrio-Besitzer fährt geschlossen. Und der Mann von Radio-Valli im VW Kombi mit Fernsehantenne auf dem Dach ist unverdrossen im Einsatz. Einen Fernseher wünschte sich damals jeder. Kaum jemand konnte ihn sich leisten. Im wohlhabenden München waren's schon deren mehrere.

Die angestammte Stelle des VW-Emblems an der Front wurde gerne für Werbezwecke genutzt. Das Werk wusste dies und hatte nichts dagegen einzuwenden. Der Transporter wurde auf Wunsch auch ohne Emblem geliefert, der Kunde musste dazu die Mehrausstattung M100 ordern.

Attraktiv lackierter Kombi von 1954. Im März des Folgejahrs kam das neue, überstehende Dach mit der Belüftungsanlage.

Einen Transporter konnte der Kunde in unterschiedlichen Lackierungen oder grundiert ordern. Tat er letzteres, so ging er zu einem Lackierbetrieb seines Vertrauens und ließ den Wagen in seinen Firmenfarben spritzen.

Kombi des Bauzeitraums August 1963 bis Juli 1967 mit sehr dezenter Werbebeschriftung. Der »Pepe«-Schriftzug auf quadratischem Untergrund fügt sich sehr harmonisch hinter das letzte Seitenfenster und vermittelt dem Wagen zusammen mit der Zweifarbenlackierung fast schon Samba-Allüren. Bemerkenswert an diesem Exportmodell für Belgien ist die Kombination der seitlichen Schiebetüre mit den beiden kleinen Seitenfenstern, dessen vorderes als Ausstellfenster ausgeführt ist.

Völlig unspektakulärer VW Kombi in der letzten Evolutionsstufe des T1, gebaut von August 1963 bis Juli 1967. Von vorne ist sie an den wesentlich vergrößerten Blinkern zu erkennen.

60er Jahre

Derselbe Wagen, übrigens mit weißem Dach, von hinten mit der nunmehr größeren Heckklappe und dem entsprechend breiteren Fenster, ebenfalls charakteristisch für ihn ist der »Volkswagen«-Heckschriftzug. Die hinteren Schmutzfänger mit VW-Zeichen sind ein werksseitiges Extra.

Die hintere Kennzeichenaussparung war für deutsche Kennzeichen mit zwei Zeilen vorgesehen. Dieser Holländer hatte nur ein einzeiliges Nummernschild, und so passte die Nationalitätenplakette gut darüber. Das Heck links im Bild gehört einer Volvo Amazone.

Sehr früher Kastenwagen, aus der zweiten Prototypenserie vor Produktionsbeginn. Er gehört zu jener Serie von Vorführwagen, die im September 1949 für die Pressepräsentation von Hand gebaut wurden.

Das weckt Erinnerungen: Zwei frühe Busse, der vordere mit optionalen hinteren Seitenschutzleisten à la Samba, vor der denkwürdigen Adresse Berlin, Unter den Eichen 101. In dieser schmucken Villa residierte Friedrich Peltzer, der »Vater« der legendären Wiking-Miniaturmodelle im Maßstab 1/87. Die Stahlformen für diese Modelle, die Generationen von Buben begeisterten und die heute mit Inbrunst gesammelt werden, entstanden hier ebenso wie die Einzelteile für die Plastikautos; montiert wurden sie von fleißigen Händen in Heimarbeit.

Foto: Archiv Ulrich Biene

Der holländische Zwieback-Produzent Turkstra ließ sich für seine Transporter-Flotte ganz spezielle Zweiachs-Anhänger vom Karosseriespezialisten Kempering bauen, die stilistisch völlig dem Zugfahrzeug entsprachen. Wahrscheinlich wurden für die Hänger-Fabrikation original-Transporter-Karosseriebleche verwandt. Die Holländer lieben Zwieback, der populärste Produzent ist Bolletje. Diese Firma setzte ausschließlich VW Transporter als Lieferwagen ein, und deshalb heißt der T1 in den Niederlanden noch heute landläufig »Bolletje-Bus«.

Medientransporter:
Druckfrisch werden Zeitungen und Zeitschriften via VW Transporter an den Berliner Güterbahnhof verfrachtet, um schnellstmöglich in alle Teile der Republik und auch ins Ausland geliefert zu werden.

Foto: Archiv Johann Kleine Vennekate

Süße Fracht:
Kastenwagen aus dem oberschwäbischen Biberach mit Werbung für Tobler-Schokolade. Die hintere der drei Damen hat, ihrem Gesichtsausdruck nach zu schließen, wohl ein bisschen zu viel Schokolade genascht und gegen Paracelsus' Gebot (»Die Menge macht's«) verstoßen. Andere Interpretation: Sie hat nichts abbekommen.
Foto: Archiv Johann Kleine Vennekate

Kastenwagen einer Lebensmittelkette im markentypischen Auftritt. Der Innenausbau erfolgte beim Karosseriebauer Ackermann, die Lackierung erledigte der Münchner Betrieb Sebastian Schmid.

»Anregend, köstlich, erfrischend« warb Sinalco, eine Abbreviatur aus dem lateinischen Sine alcohol, also alkoholfrei, für seine koffeinhaltige Limonade. Sinalco Kola trank man in den 50ern, dann geriet das Getränk in Vergessenheit um jüngst ein erfolgreiches Revival erlebt zu haben. Der 1954er Kastenwagen ist mit einem typischen Werbeschild oberhalb der Windschutzscheibe versehen.

Foto: Archiv Matthias Braun

Sehr früher Kastenwagen ohne hintere Stoßstange, mit großer Motorhaube, hinteren Seitenschutzleisten und Katzenaugen am hinteren Karosserieabschluss im Dienste eines Profifotografen. Soeben wird ein stabiles Stativ auf das begehbare Dach geladen um eine Aufnahme aus gehobener Perspektive zu schießen.

Foto: Archiv Johann Kleine Vennekate

Der kleine Berthold Sauer auf seinem ingeniösen Tretroller im Jahre 1957 auf dem Amberger Schlachthofgelände. Der Kastenwagen hat noch die hohe Motorklappe, aber bereits ein Heckfenster, also nach April 1951 gebaut. Rechts von ihm steht ein Ford Buckel-Taunus, daneben ein Ponton-Mercedes.

Foto: Archiv Florian Sauer

Dieser flämische Kastenwagen transportiert Ruilmotoren, zu deutsch Austauschmotoren. Durch die Lackierung mit weißem »Kragen« gut zu sehen sind die schwarzen Gummipfropfen an der Karosserieprotuberanz. Sie verhinderten, dass die geöffneten Schranktüren das Blech verschrammten.

60er Jahre

Münchner Straßenszene 1955, fotografiert aus der ersten Etage. Der 1950er Chevrolet Fleetline und der Dodge Military Truck zeigen die hohe Präsenz der amerikanischen Besatzer, das große Zweiradaufkommen demonstriert, dass damals beileibe nicht jeder Deutsche ein Auto hatte. Es ist in München heute kaum geringer. Aber die Gründe dafür liegen anders. Der hintere VW Kastenwagen trägt ein nicht serienmäßiges Zusatzfenster in der rechten Schranktüre.

In den früher üblichen, typischen Holzkistchen wird der five-o-clock-Tea in ein schon damals altmodisches Lebensmittelgeschäft in Manchester geliefert. Der Kastenwagen trägt britische Exportspezifikationen, also Steuerrad rechts und Laderaumtüren links.

1959er Kastenwagen in individueller Lackierung mit Dachgepäckträger und Schmutzfängern.

T.I.R. steht für »Transport International Ruenne« und war ein Zeichen hauptsächlich an Lastwagen im internationalen Straßenverkehr. Zu Zeiten, als es noch Grenzen mit richtigen Schlagbäumen und supranationale Freihandelsgemeinschaften gab, ermöglichte das Carnet TIR ein vereinfachtes und zeitsparendes Zollverfahren, wenn die Waren in zollsicher eingerichteten Fahrzeugen befördert wurden. Mit anderen Worten: Wenn Waren durch Drittländer transportiert wurden, mussten sie nicht an jeder Grenze den Zöllnern vorgeführt und verzollt werden.

Das Fernsehen war 1951 so neu wie dieser Kastenwagen. Mit der mobilen TV-Antenne demonstriert Philips den Empfang der Geräte, die das Leben der Menschen verändern sollten.

Und hier werden die Geräte ausgeliefert. Der Kastenwagen stammt aus dem Produktionszeitraum März 1950 bis Dezember 1953.

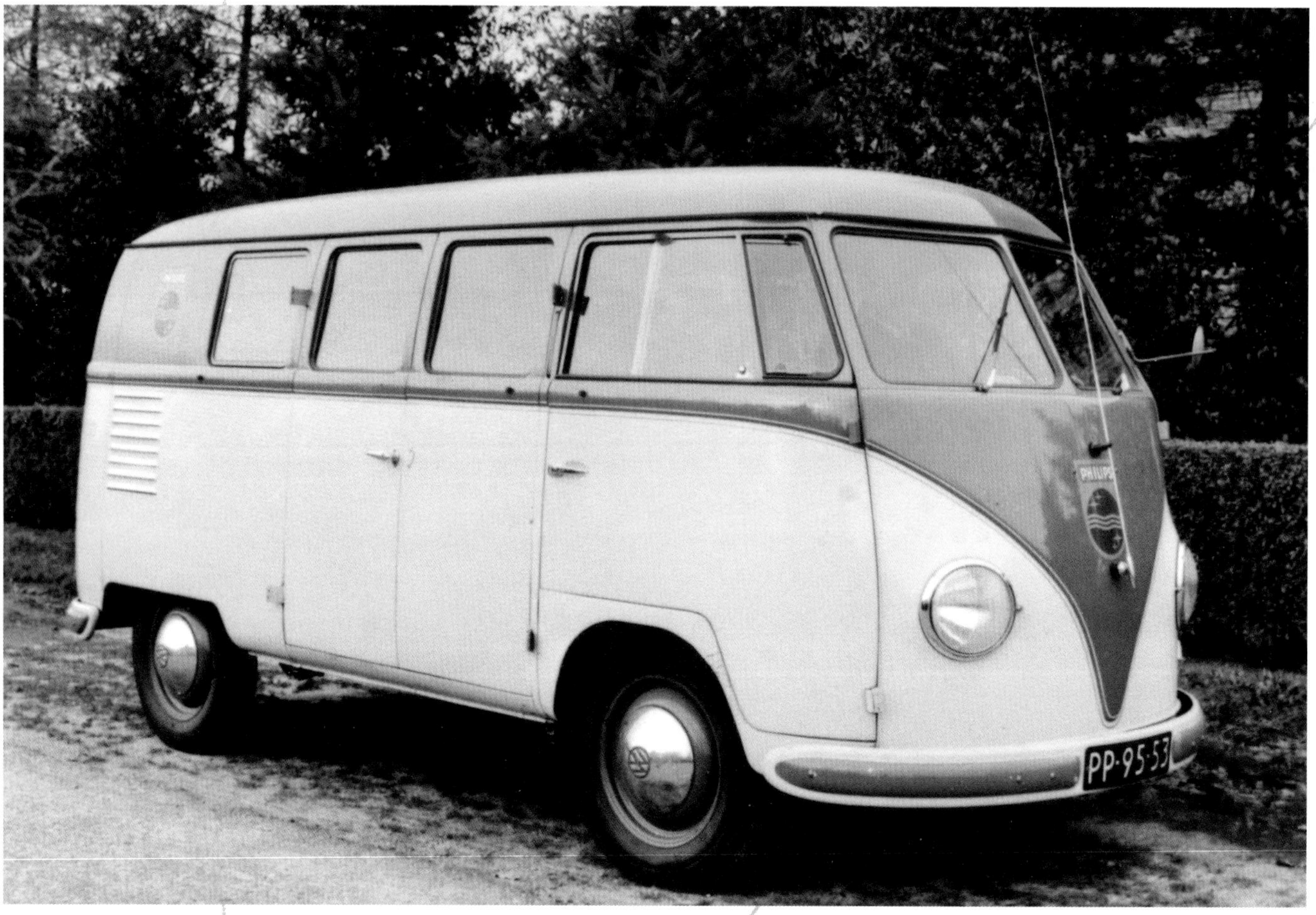
PHILIPS
PP-95-53

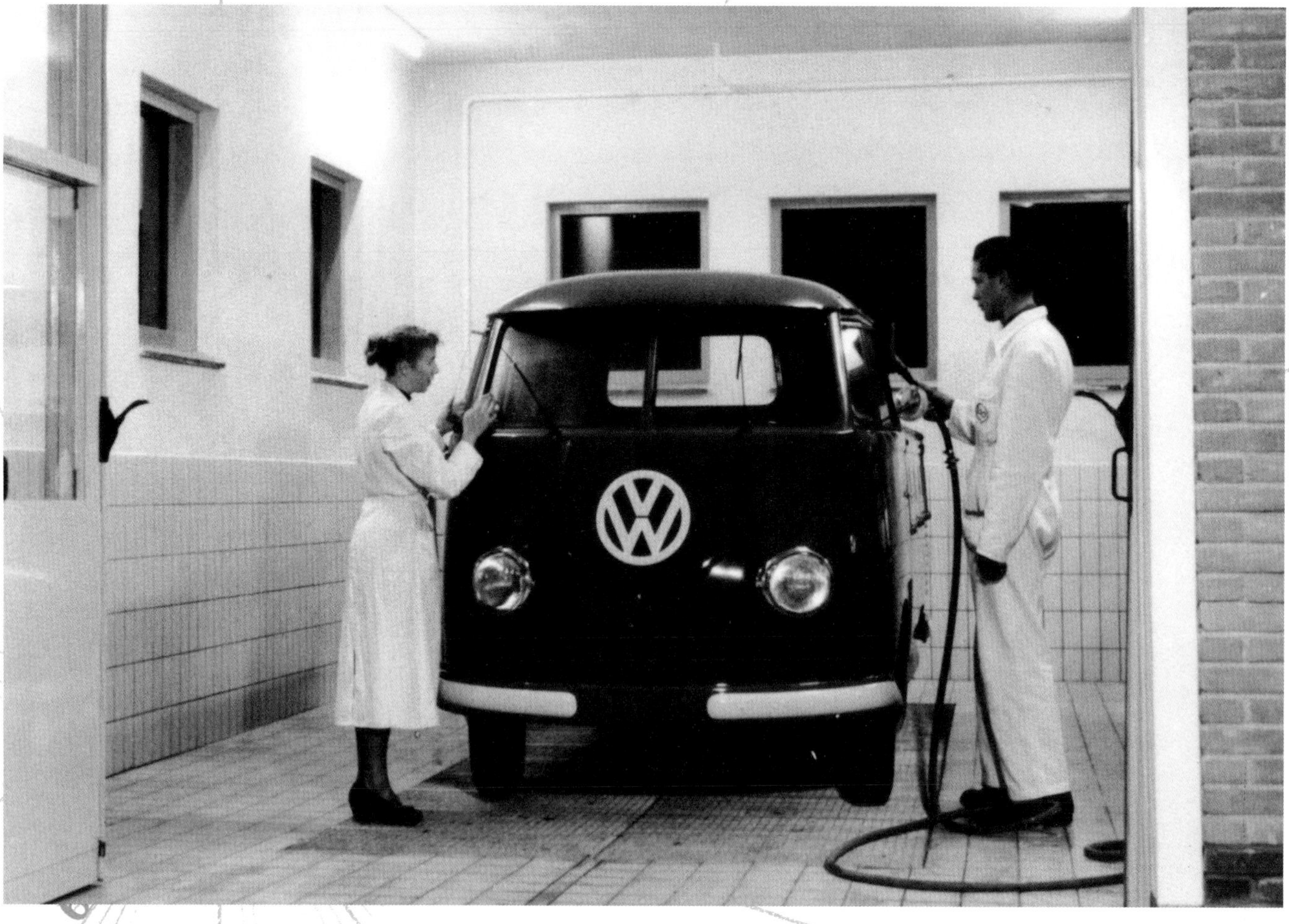

Links oben:
VW Bus von 1954, erneut ein Fahrzeug aus der großen Philips-Flotte, und weil jedes Philips-Auto mehr oder weniger mit Funkwellen zu tun hatte, trägt auch dieses eine Antenne, hier direkt an der Front montiert.

Links unten:
Wagenpflege: Ein fabrikneuer Pritschenwagen des Jahrgangs 1955 wird vor der Auslieferung an den Kunden auf Hochglanz gebracht.

Vater und Sohn:
Völlig ungezwungenes Lächeln vor einem blumengeschmückten Kastenwagen anno 1953. Schnappschüsse gelangen damals nur Profis. Wenn weniger Geübte mit der Leica oder Voigtländer hantierten, mussten sie erst den externen Belichtungsmesser bedienen, dann die Brennweite von Hand einstellen. Bis dieses Prozedere absolviert war, ist das ursprünglich natürliche Lachen des Fotomodells längst eingefroren.

Einer von Hunderten:
VW Kastenwagen eines Betriebes in Firmenlackierung, hier ein Modell 1955 bis 1958 als Brotlieferwagen aus Solingen.

Foto: Archiv Johann Kleine Vennekate

Aus der Not eine Tugend machen: Auf dem offiziellen Werksfoto demonstriert Volkswagen, dass der Heckmotor beim Beladen sogar ein Vorteil ist – sofern man die Güter per Sackkarre von einer Rampe in den Innenraum lädt.

Flotte eines niederländischen Industriebetriebs 1960. Der Volkswagen bedient die 750-Kilo-Klasse, für den Transport eine Nummer schwerer entschied er sich für den britischen Bedford CA 10/12cwt. Bedford ist die Nutzfahrzeugmarke der britischen General-Motors-Tochterfirma Vauxhall, und der CA erschien als erste Nachkriegsneukonstruktion 1952. Mit dem VW Bulli T1 teilte er die lange Lebensdauer. Er wurde, zuletzt völlig out of date, bis 1969 gebaut.

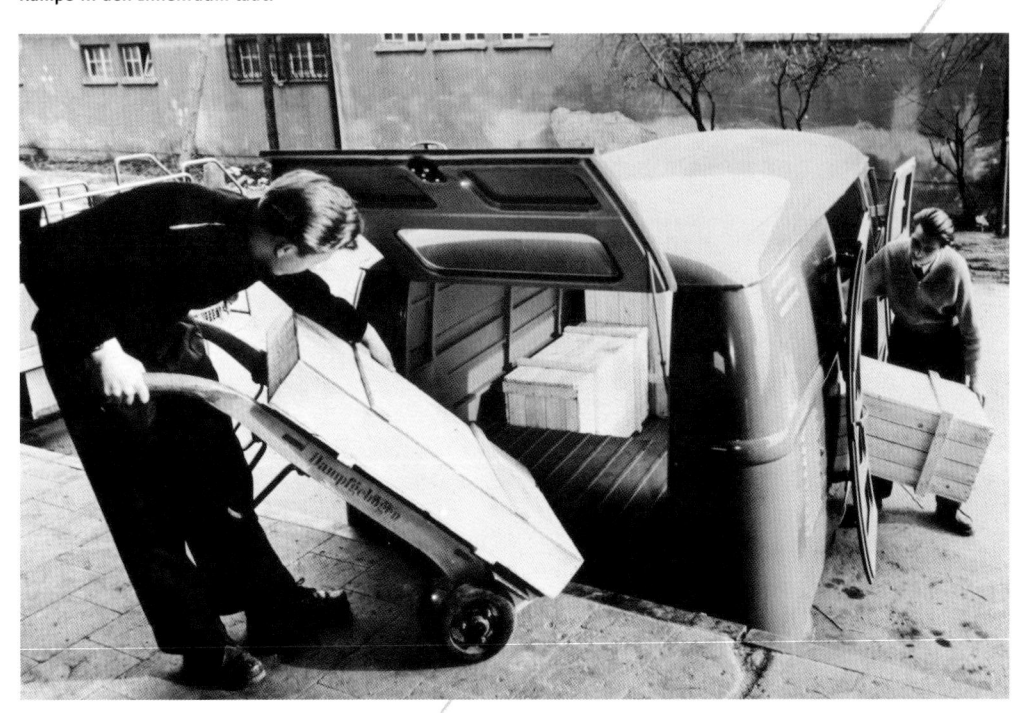

Durch den günstigen Lichteinfall demonstriert dieser Bus sehr deutlich das überstehende Dach, ein Merkmal der nach März 1955 gebauten Fahrzeuge.

Eine nur sehr kurzfristig gebaute Version ist dieser Kastenwagen. Das vorige Bild zeigte, dass er vordere Blinker trägt, also nach Juni 1960 gebaut wurde. Auf diesem Foto demonstriert er seine alten runden Rücklichter, die im August 1960 durch Zweikammerleuchten ersetzt wurden. Er kann also nur aus den drei Monaten dazwischen stammen. Sein Aufgabengebiet: Die Firma P. de Boer sorgte für Schiffsverpflegung, betrieb also einen Catering-Service.

Rechts oben:
Wer in den 50er Jahren eine Musiktruhe Marke Kuba sein Eigen nannte, war eine gute Partie. Kuba-Musikschränke waren hochwertig und hochpreisig und eine richtig schöne Mitgift für die Ehe. Um sein Image ins rechte Licht zu rücken, ließ Kuba seine Transporter sehr aufwändig lackieren. Hier parkt einer im Mai 1959 neben einem Saurer-Omnibus auf der Insel Mainau im Bodensee.

Foto: Archiv Klaus Holl

Rechts unten:
Richtig modern, ja stromlinienförmig wirkt der in England zugelassene Kastenwagen mit dem hübschen Kennzeichen »OLD 45« inmitten der stilistisch auf Vorkriegsniveau befindlichen britischen Fahrzeuge. Der VW stammt von 1954 und ist auf dem Foto brandneu.

Auf dem Firmenhof des Lackierbetriebs wartet ein aufwändig gestalteter 1959er Kastenwagen darauf, dass ihn sein Eigentümer abholt. Der Wagen war nicht fabrikneu, als er die schöne Farbgebung erhielt, sonst hätte es keinen Grund gegeben, ihm nachträglich nicht originale Vorderblinker zu verpassen.

Hier sehen wir ihn von hinten. Die stilisierte Hausfrau ist gut gelungen, sie vermittelt gleich zwei Gefühle, einerseits den Kennerblick für »die gute« Mayonnaise, darüber hinaus strahlt sie eine richtige Verliebtheit in das Produkt aus. Wie schön, einfach und heil die Welt doch damals war ...

60er Jahre

93

Wer seinen Wagen in London fotografiert, muss es hier tun: »OLD 45« auf einer Themse-Brücke mit dem Big Ben im Hintergrund. Das ist mindestens so fotogen wie der Eifelturm. Hinter dem rechtsgesteuerten VW ein kleiner Austin A 30, der Vorläufer des Mini.

Rechts oben:
Teroson war jene klebrige, schwarze Bitumenmasse, mit der Generationen von Automobilen mehr oder weniger wirksam gegen Rost geschützt wurden. Wenn das ölige Zeug nämlich aushärtete und spröde wurde, konnten Wasser und Dreck darunter kriechen und förderten den Rostfraß geradezu. Der Teroson-Kastenwagen trägt nicht nur eine werbewirksame Lackierung, sondern auch die Arbeit eines Karosseriebauers stolz mit sich herum. Die beiden hinteren Eckfenster in bester Samba-Manier sind die Arbeit eines externen Spezialisten, und die Chromradkappen im Stile der Porsche-Leichtmetallfelgen von Fuchs machen den Transporter mindestens 20 km/h schneller. Hinter ihm parkt ein Opel Rekord A, davor stehen ein britischer Ford Corsair, ein Triumph Herald und ein Fiat 1300/1500.

Serviceflotte der Traktorenabteilung von MAN.

Foto: Archiv Klaus Holl

Alle Akteure von hinten: zwei Frauen mit Röcken, ein Hund mit Schwanz, ein VW Kastenwagen mit modernisierten Stoßfängern und kleinen Rückleuchten, also Jahrgang 1959. Er verlässt den Schlachthof von Amberg, im Vordergrund die große Waage. Aufnahme 1960.

Foto: Archiv Florian Sauer

Parkplatz in Amsterdam, in der ersten Hälfte der 60er Jahre. Der Käfer war in Holland so allgegenwärtig wie hierzulande, und wer das Fotos sieht, könnte meinen, dort seien nur Volkswagen unterwegs gewesen. Das stimmt natürlich nicht, aber der niederländische Importeur »Pons Automobielhandel B.V.« war sehr rührig und machte Holland zum wichtigsten europäischen Exportmarkt für das Werk.

Die Deutsche Bundespost war der größte Einzelkunde des Volkswagenwerkes. Auch die niederländische Post setzte auf den Transporter, sowohl zur Paketauslieferung wie für den Technischen Dienst.

60er Jahre

Ebenfalls für den Technischen Dienst der holländischen PTT fährt dieser Großraum-Kastenwagen. Er war ab 1960 werksseitig lieferbar, hieß offiziell Hochdachwagen, und der Kunde musste bei der VW-Transporter-Bestellung ein Kreuzchen bei der Mehrausstattung Nummer M222 machen.

Auf den Straßen von Amsterdam, im Sommer 1966: Es ist Markt, und die Beschicker haben ihre Lieferwagen in Reih' und Glied geparkt, viele VW Transporter, dazwischen ein Ford Taunus Transit und eine Renault Goélette, die drei Personenwagen links sind ein NSU Prinz 4 (vorne), ein Simca 1000 und der obligatorische Käfer. Und neben dem Simca ist ein Fahrrad umgefallen.

Mitte der 60er Jahre gestaltetet der Art Direktor der legendären Rockband »The Who« einen speziellen VW Kastenwagen als »Magic Bus«. Im Gegensatz zu den Gitarren der Band, die regelmäßig auf der Bühne zerdeppert wurden, war dem VW ein langes Leben vergönnt und er wurde im Jahre 2008 für 40.000,– Euro zugunsten eines Hilfsprojektes für krebskranke Jugendliche versteigert.

Foto: Wiking-Modellbau

Knallroter Kastenwagen in der letzten Entwicklungsstufe als Kundendienstwagen für Öl- und Gasheizungen. Die großen vorderen Blinker, in Europa ab August 1963 verwendet, wurden zuvor bereits Jahre lang in den US-Exportversionen verbaut. Aufnahme 1968.

Der erste VW Pritschenwagen lief im August 1952 vom Stapel und teilte seine Evolution fortan mit dem Transporter. Wegen des Heckmotors war die Pritsche relativ hoch angesetzt, doch sie ließ Platz für einen 2-m³-Stauraum zwischen den Achsen, den sogenannten Tresor. Das Foto zeigt den Pritschenwagen mit Spriegel und Plane (beides optional) sowie eine Doppelkabine, beide Baujahr 1960.

Der VW Typ 147, landläufig Fridolin genannt, hatte wenig mit dem Transporter zu tun. Aber er war auch zum Transportieren gemacht, und zwar im Auftrag der Post. Die Karosserien schuf Westfalia in Wiedenbrück, und es gab zwei Versionen, beide hier zu sehen: Der linke Wagen mit den zusätzlichen Eckfenstern und der größeren Rückscheibe entsprach den Wünschen der schweizerischen Post, der rechte erfüllt die Anforderungen der deutschen Bundespost. Die Paketzustellwagen basierten technisch auf dem Käfer und saßen auf der Bodengruppe des Käfer Cabriolets. 1964 bis 1973 wurden 6139 Exemplare, davon 85 Prozent für die Bundespost, sowie weitere 1201 für die Eidgenossen gebaut.

In Deutschland hieß dieses Auto Großraum-Pritschenwagen, in seinem Heimatland wurde er Pick-up genannt. Denn dieses Fahrzeug entstammt dem brasilianischen Volkswagen-Montagewerk in São Bernado do Campo unweit von São Paulo. Er wurde bis 1975 produziert, als in Deutschland längst die zweite Transporter-Generation vom Band lief. Weitere Montagewerke des Bulli befanden sich in Australien und Südafrika.

Rechts oben:
Als Lampenputzer fungiert dieser Pritschenwagen in kommunalen Diensten mit Ruthmann-Steiger. Die Firma Ruthmann in Gescher-Hochmoor spezialisierte sich darauf, Arbeiter auf Hubplattformen in lichte Höhen zu befördern.

Pritschenwagen mit Drehleiter, interessant für Landfeuerwehren, kommunale Behörden, Dachdecker und zur Reparatur von überirdischen Elektroleitungen. Der Wagen auf dem Foto spielt seine Wendigkeit aus und hilft beim Beschneiden von Bäumen. Hersteller dieses Sonderaufbaus ist die westfälische Firma Meyer in Hagen.

Von 1955 bis 1959 bot Volkswagen zwar eine Doppelkabine an, stellte sie aber nicht selber her. Den Auftrag erledigte der externe Karosserier Binz im württembergischen Lorch, der Großteil wurde in die USA exportiert. Ab November 1958 erfolgte die Produktion im Volkswagenwerk. Hauptunterschied: Beim Binz-Modell war die hintere Türe hinten, beim VW-Produkt vorne angeschlagen. Die abgebildete Doka entstammt der letzten Baustufe des ersten Bulli von 1963 bis 1967.

Die Doppelkabine war und ist ein geniales Fahrzeug: Sechs Mann und immens viel Gerätschaften konnten transportiert werden, das Ladegut mit optionaler Plane sogar trocken, und mit zwei Gepäckträgern wie hier war die Doka ein wahres Ladewunder. Der abgebildete Wagen trägt zusätzliche, seitliche Blink- oder Warnleuchten zwischen den Seitenscheiben.

Doppelkabine in ihrem Element: Dieses Fahrzeuggenre traf man hauptsächlich auf Baustellen an. Dementsprechend schnell wurden die Wagen verschlissen. Damals war ein Pick-up als Lifestyle-Fahrzeug noch nicht gefragt. Er war nur zum Schuften geschaffen.

Technik und Motor des Transporters entsprachen im Wesentlichen dem Käfer. Los ging es mit 1131 cm³ und 25 PS, 1954 ersetzt durch den 1192-cm³-Boxer mit 30 PS. 1963 folgte der letzte Motor im T1, 1493 cm³ mit 42, ab 1965 mit 44 PS analog zum VW 1500 Käfer und Typ 3.

Engagiertes Schrauben in der Volkswagen-Werkstatt im Jahre 1960. Die Schmutzfänger des Käfer tragen Licht reflektierende Warnsignale, damals der letzte Schrei in Sachen Verkehrssicherheit.

Zeitenwende:
Das Jahr 1973 markiert bei Volkswagen den Beginn einer neuen Ära. Nordhoff hielt lange, zu lange, am Heckmotorprinzip fest, sein Nachfolger Kurt Lotz setzte auf einen Mittelmotor-VW als Käfer-Nachfoger. Dessen Nachfolger Rudolf Leiding stoppte das Projekt und läutete die Frontantriebs-Volkswagen mit Frontmotor ein. Die Ernte dieser Saat fuhr allerdings erst sein Nachfolger Toni Schmücker ein. Das Bild vom Juli 1973 zeigt den Vorboten der neuen VW-Generation, den eben präsentierten Passat, als Neuwagen. Um ihn herum auf dem Händlerhof steht in mehr oder weniger abgewirtschaftetem Zustand die alte Schule der Volkswagen-Autobaukunst. Der Text auf dem Plakat an der Werkstatt bringt diese Zäsur auf den Punkt.

1959er VW Kombi, leicht lädiert, als Versuchskaninchen für die Zweckmäßigkeit von Leitplanken. Der Wagen wird führerlos an Stahlseilen über im Hintergrund sichtbare Gleitschienen in unterschiedlichem Winkel auf die Leitplanke gezogen und prallt ab. Interessierte Fachleute auf dem großen Platz und Zaungäste auf dem Stahlrohrturm wohnen dem Spektakel bei.

Auch eine Art der Letztnutzung eines VW Kombi: Dieses ausgediente Exemplar erhält sein Gnadenbrot als Katzenhaus in einem Streichelzoo für Kinder.

In Holland gibt es viele Kanäle, Wasserläufe und Grachten. Sie sind für Autos nur bedingt passierbar. Mit schwerem Gerät wird dieser Transporter im Jahre 1957 wieder auf sein angestammtes Terrain gebracht. Er läuft und läuft und läuft zwar, aber schwimmen kann er nicht.

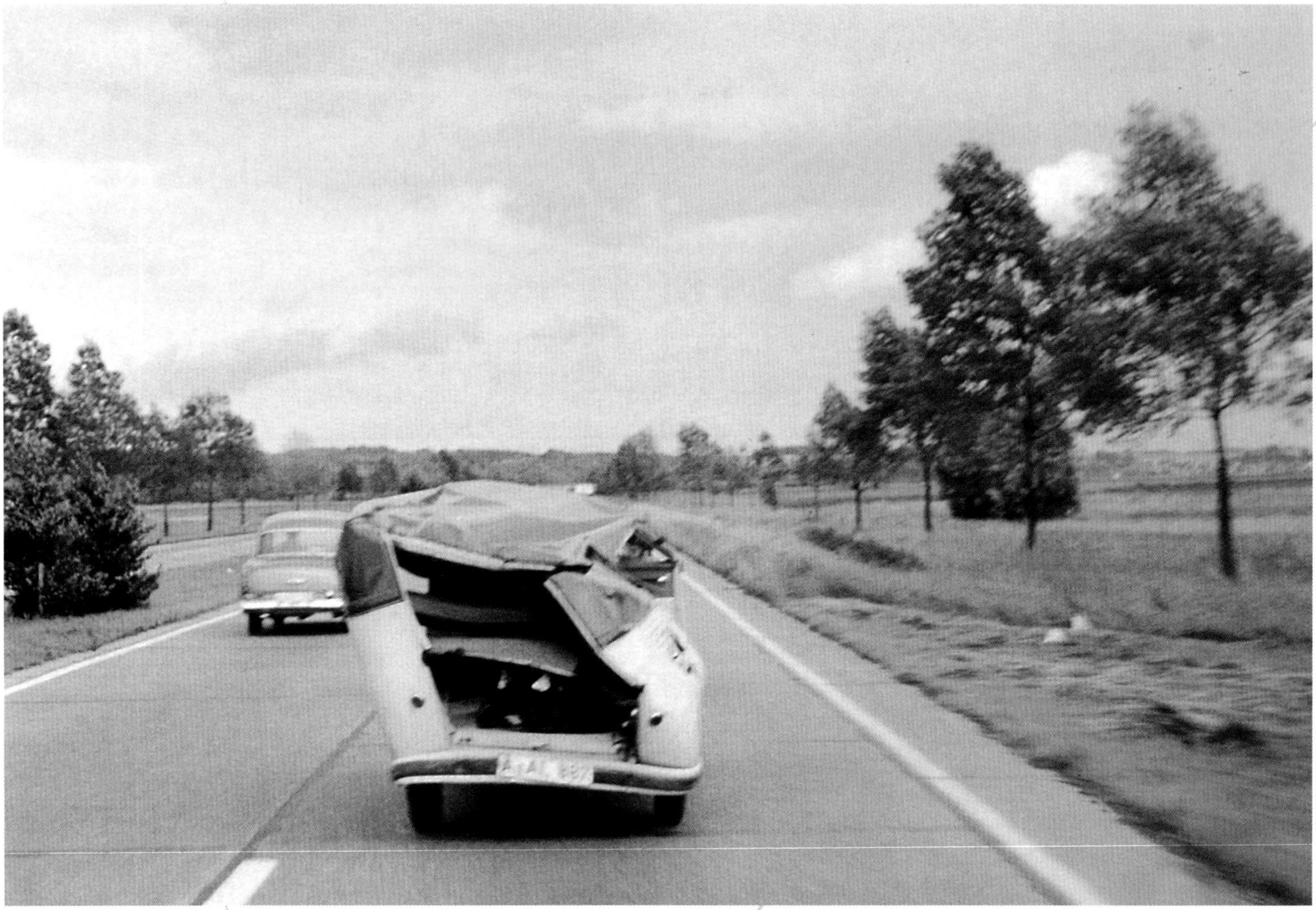

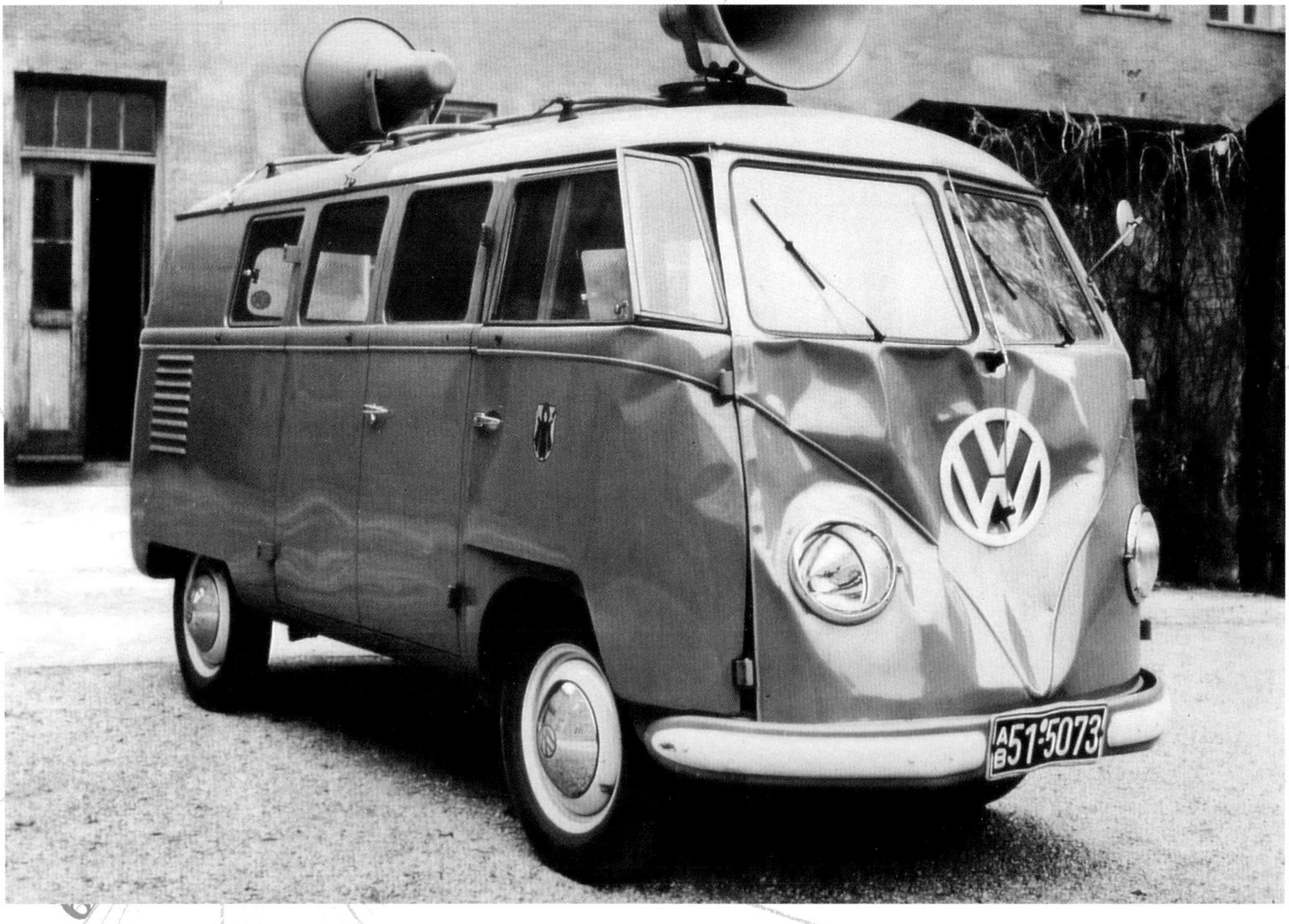
AB 51-5073

Schon mehr zu tun für den Karosseriebauer: 1960er Kombi, dem die Straße zu schmal wurde. Durch das Heckmotorprinzip der stets belasteten Antriebsräder und die relativ hohe Bodenfreiheit dank Vorgelege an den Hinterrädern war der VW Bulli zwar ansatzweise geländegängig. Aber dieses ist auch ihm zu viel gewesen.

Das ist beinahe schon Kunst. Genau in der Mitte, analog zur V-förmigen Ziersicke der Front, ist dieser Transporter dreidimensional geknickt worden. Dem glänzenden Lack nach zu urteilen muss es sich um ein gepflegtes oder ziemlich neues Auto handeln.

Links oben:
Und wie er läuft! Und in welchem Zustand er noch laufen kann! Verantwortungsbewusst und rücksichtsvoll bewegt sich dieser nahezu neuwertige Transporter auf der rechten Spur, fotografiert vom nachfolgenden Wagen auf der A8 bei Augsburg.

Links unten:
Ein Fall für den Karosseriespengler: Leicht lädierter Kombi mit Lautsprecher in Diensten der Stadt München. Die Chromradkappen waren aufpreispflichtiges Extra.

Ein vorzeitiges Aus widerfuhr diesem Kastenwagen im September 1954 an der Ecke Schieweg/Bergselaan in Rotterdam.

Das Foto demonstriert den grundsätzlichen Nachteil der Frontlenker-Bauart beim Frontalaufprall, hier gegen einen Opel Kadett B. Außer einem bisschen Blech sind des Fahrers Beine die einzige Knautschzone. Dieser latenten Angst begegnete Ford erfolgreich mit dem Transit ab 1965. Er war nach dem Haubenprinzip konstruiert, hatte den Motor vorne und bot subjektiv wie objektiv mehr Sicherheit.

Dieser umgestürzte Transporter, fotografiert im Oktober 1956 zusammen mit einem Packard Ambulanzwagen, offenbart sein Rückgrat: Statt eines Zentralrohr-Plattformrahmens wie beim Käfer setzte Transporter-Konstrukteur Alfred Haesner auf eine Bodengruppe aus kräftigen Rahmenprofilen. Eine technische Innovation stammte sogar aus dem Wehrmachts-Kübelwagen: Das Vorgelegegetriebe der Hinterräder sorgte beim Transporter für eine große Bodenfreiheit und eine höhere Übersetzung als beim Käfer.

Der US Army gehörte dieser Transporter. Bei der Bedienung ging der Besatzungssoldat nicht streng nach seiner Technischen Dienstvorschrift vor. Im Owner's Manual steht sicher, dass der Wagen stets auf den Rädern zu halten sei.

Dornröschen wartet auf den Prinzen: Zwei Bullis der letzten T1-Evolutionsstufe freuen sich seit Jahrzehnten über den Kreislauf der Natur und erhoffen sich ein ewiges Leben auf dem Autofriedhof im österreichischen Wels. Aufnahme von 2004.

Diese beiden Kombis, beide noch mit verblassten Werbeschriftzügen versehen, ermöglichen zwei Kleinwagen beste Aussicht. Links ein Renault 4CV, rechts ein Fiat 500C Giardiniera; gesehen ebenfalls in Wels 2004.

Rechts unten:
Die neue Karosserie war länger und breiter, hatte eine einteilige und gebogene Windschutzscheibe, einen komfortableren Fahrerplatz, hinten eine moderne, an Schräglenkern geführte Doppelgelenkachse sowie einen 1,6-Liter-Motor mit 47 PS. Auf dieser Werbeaufnahme von 1971 zeigt er sich als Achtsitzerbus, sein Weggefährte ist ein Buggy, ebenfalls mit VW-Technik und damals als Freizeitfahrzeug sehr populär.

60er Jahre

Zum Modelljahr 1968 lancierte Volkswagen im August 1967 die zweite VW-Transporter-Generation. Der Wagen war komplett neu konstruiert, das Basis-Layout teilte er sich allerdings mit seinem Vorgänger. Der verantwortliche Konstrukteur heißt Gustav Mayer; er war seit 1964 Leiter der Nutzfahrzeug-Konstruktionsabteilung. Hier wird ein früher T2 von seinem Eigentümer am Samstagnachmittag liebevoll geschäumt.

Foto: Archiv Johann Kleine Vennekate

Schöner Vergleich:
Auf den ersten Blick konnte man die Heckpartie des T2 (in Bildmitte) nicht von derjenigen der letzten Evolutionsstufe des T1 (rechts parkend) unterscheiden. Die Kapazitäten des Transporterwerks in Hannover konnten die Nachfrage nicht befriedigen, so wurde der T2 ab November 1967 zusätzlich in Emden gebaut. Hier liefen hauptsächlich die für den USA-Export bestimmten Wagen vom Band.
Foto: Archiv Johann Kleine Vennekate

Die ersten Transporter der zweiten Generation, gebaut vor dem 1971er Facelift, heißen heute zur Unterscheidung T2a. Sie tragen rundliche Stoßstangen, die vordere mit integrierter Trittstufe, Zweikammerheckleuchten mit darüber situierten, separaten Rückfahrscheinwerfern (gegen Aufpreis) und hatten zunächst Stahlscheibenräder. Die Lochfelgen, hier am Luxus-Achtsitzer, kamen im August 1970 zeitgleich mit den vorderen Scheibenbremsen und wurden für den T2b übernommen. Wegen der neuen Räder mussten die Radausschnitte in den hinteren Seitenteilen angepasst werden.

Das Programm umfasste die bekannten Typen: Kastenwagen, Kombi, Bus und Bus L (anfangs Clipper genannt, Nachfolger des Samba-Busses), Pritschenwagen und Doppelkabine sowie Krankenwagen. Im Bild ein 1968er Clipper in Taxi-Ausführung, schwarz mit weißem Dach.

Der Bus L alias Clipper hatte die wohnlichste Inneneinrichtung, äußeres Kennzeichen waren das Stahlschiebedach, Gummischutzleisten auf den Stoßstangen, die rundumlaufende Zierleiste unterhalb der Scheiben sowie Lüftungsfenster in den seitlichen Schiebetüren.

Innen zeichnete sich die Luxusversion durch die Zeituhr aus, natürlich auch durch die feineren Stoffe und die komplette Verkleidung des Innenraumes. Dieses Armaturenbrett aus der Taxi-Sonderversion besticht durch seinen Taxameter. Die Taxi-Versionen entstanden, ebenso wie etliche andere Sondermodelle, in den Ateliers von Westfalia in Wiedenbrück.

Der Name Clipper verschwand bereits 1968, weil ihn die US-Fluggesellschaft PanAm hatte schützen lassen. VW unterschied vehement zwischen Transporter und Personentransporter, nämlich Clipper und Clipper L. Letztere hatten eine komfortabler abgestimmte Federung.

Früher Westfalia-Camper auf Basis des Clipper L. Westfalia baute im Jahre 1968 seinen 30.000sten Camper, mehr als 20.000 der Reisemobile waren in den Export gegangen, zumeist nach USA.

Das Reisemobil schlechthin war für Generationen seriöser Bürger und – als Gebrauchtfahrzeug – ausgeflippter Studenten der VW, hier mit Wiener Zulassung bei einem unorthodoxen Reifenwechsel in Indien zu sehen. Sehr beliebt war auch der Selbstausbau gebrauchter Kombis in Reisemobile, besonders gerne wurden dazu von der Post ausgesonderte Kastenwagen mit Hochdach verwendet.

Foto: Archiv Johann Kleine Vennekate

Blick auf den Hof des VW-Händlers Spindler in Würzburg Anfang der 70er Jahre. Besonders nett ist die Zeichnung auf der Hauswand, ein Männlein in dienstbarer Haltung, dessen Kopf das VW-Zeichen darstellt.

Foto: Archiv Porsche

Gebrauchtwagen:
In der zweiten Reihe hinter zwei Ford Consul ein T2a Kastenwagen mit den charakteristischen Blinkern zwischen Stoßstange und Scheinwerfer.

70er Jahre

T2a Kastenwagen im Nebel. Die umlaufende »Halskrause«, ein stilistischer Geniestreich und gleichsam Erbe der ersten Bulli-Generation, erlaubte eine problemlose Abgrenzung bei Zweifarblackierungen.

T2a Kastenwagen als Servicefahrzeug der niederländischen Post. Die zusätzliche Klappe am Seitenteil ermöglicht den Zugang zu fest installierten, technischen Geräten im Inneren.

Die Porsche-Rennservice-Flotte anlässlich der Targa Florio 1970. Vom Renntransporter auf Mercedes-Omnibus-Chassis und mit Aufbau der Stuttgarter Karosseriefirma Robert Schenk gab es zwei Exemplare. Der VW T2a Kastenwagen hat ein Hochdach, lieferbar ab Januar 1968 und im Gegensatz zum Vorgänger-Fahrzeug aus Kunststoff gefertigt. Hauptabnehmer für den Hochdach-Kastenwagen war die Post zur Paketzustellung.

Foto: Archiv Porsche

VW Kombi T2a als Follow-Me-Fahrzeug auf dem Frankfurter Flughafen 1970.

Foto: Archiv Fraport AG

Rechts oben:
Polizei-Kombi T2a ohne Blaulicht auf dem Dach, fotografiert im Januar 1976 vor dem Münchner Olympia-Stadion. Neben ihm parkt ein Opel Rekord C, dessen Besitzer die Flanken mit nachträglich windschief aufgeklebten Schutzleisten bestückte. Das war damals weit verbreitete Mode und ruinierte die Linienführung so mancher Autos.

Rechts unten:
Radarwagen auf Basis T2a mit geöffnetem Frontbereich und schussbereiter Kamera. Sie war auf einer Schiene montiert und konnte bei Nichtgebrauch einfach ins Wageninnere geschoben werden. Innen waren die Radar-Kombis mit Sitzbank und Klapptisch versehen, um gegebenenfalls die Verkehrssünder gleich vor Ort zu Protokoll zu bitten.

70er Jahre

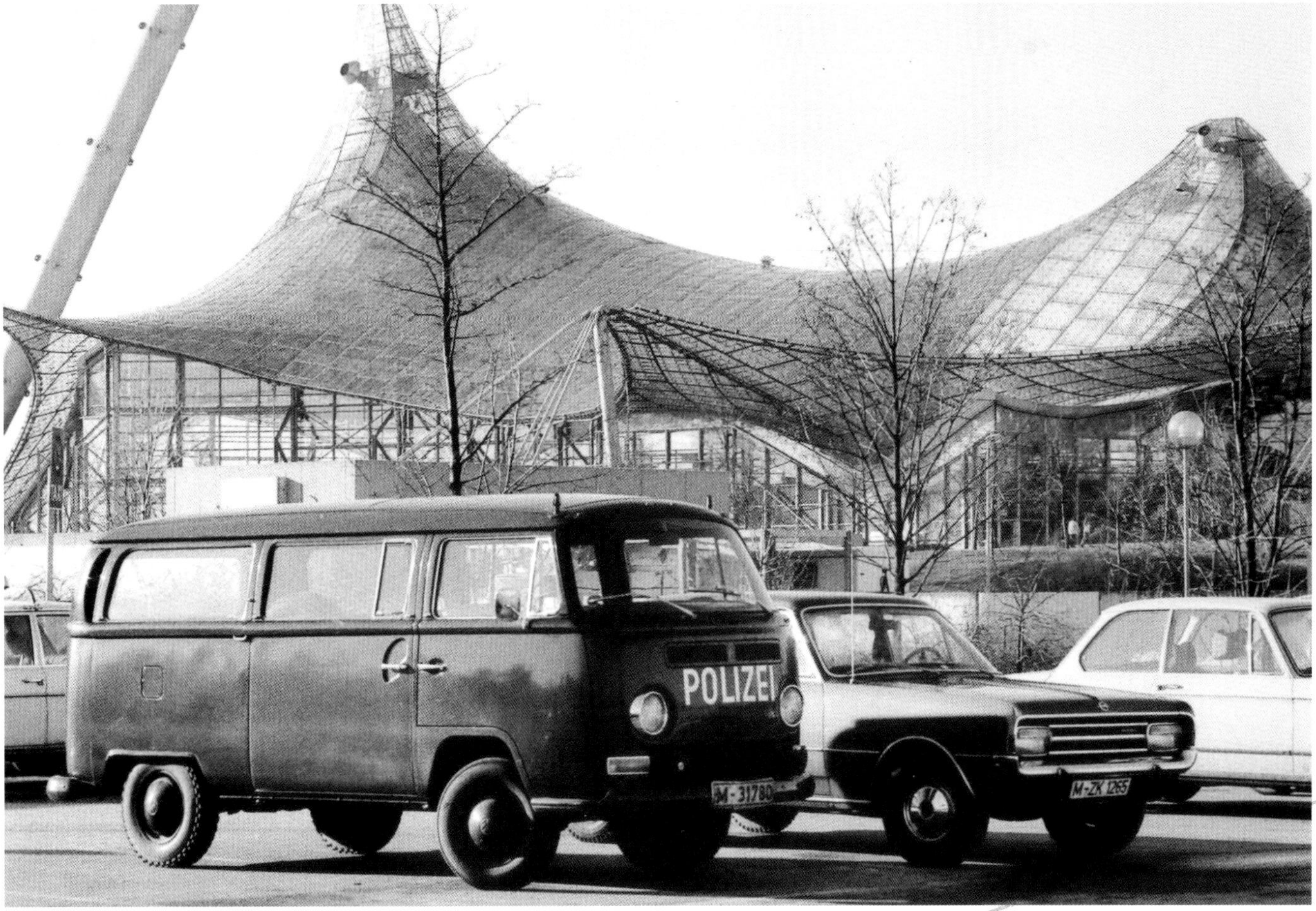
POLIZEI
M-31780
M-ZK 1265

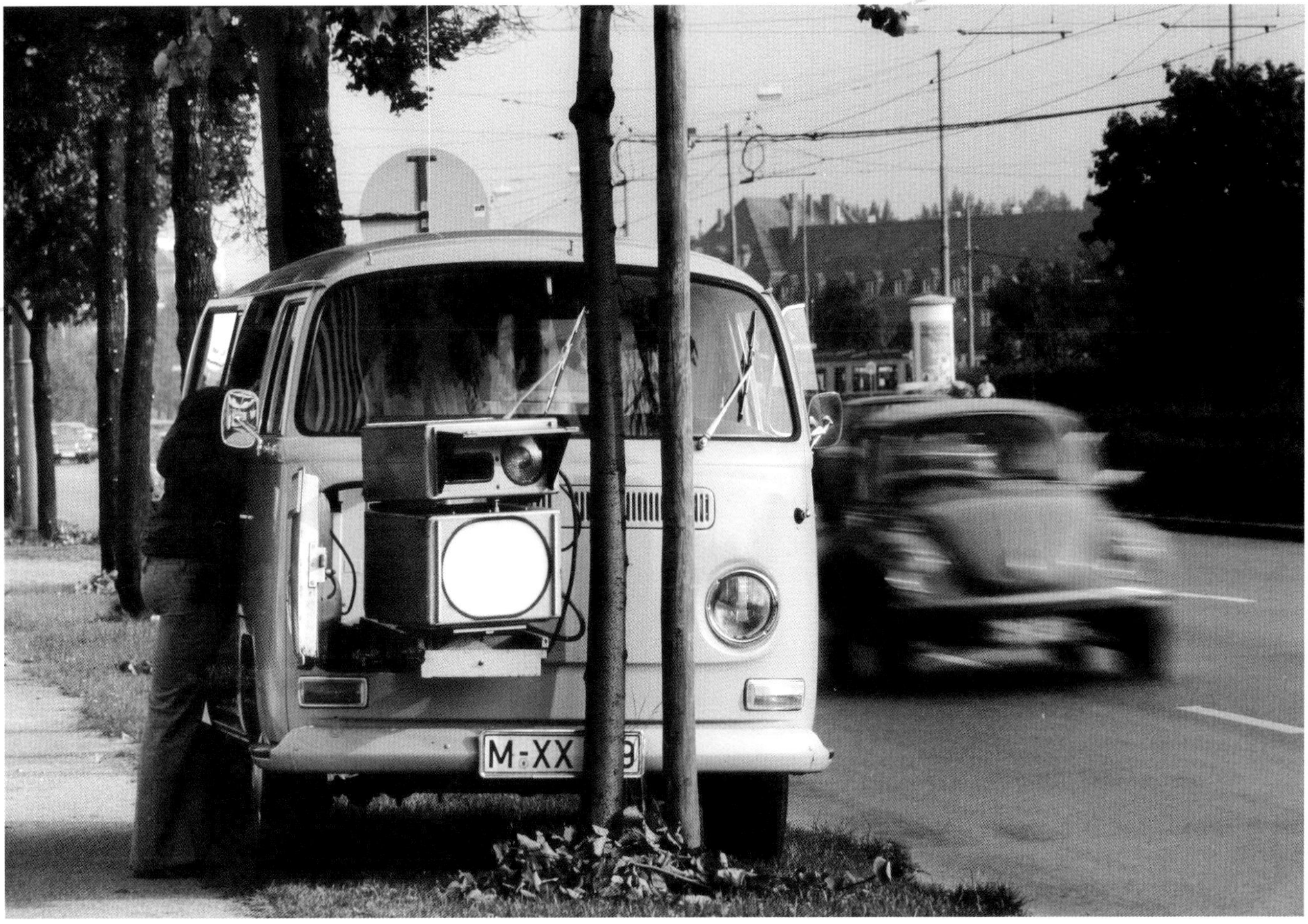

Dieser Krankenwagen war auf dem Flugplatz im belgischen Spa stationiert und zeichnet sich durch harmonisch aber aufwändig in den vorderen Stoßstangen integrierte Nebelleuchten aus.

Foto: Florian Sauer

Das gute Münchner Bier! T2a Pritschenwagen mit Spriegel und Plane. VW lieferte die Transporter auf Wunsch nur grundiert aus, der Kunde konnte seinen Farbwunsch beim Spezialisten vor Ort auftragen lassen. Die Hacker-Brauerei setzte auf die Lackierkabinen von Sebastian Schmid, welcher der Hacker-Flotte ihre einheitliche Farbgebung verpasste.

Letzte Nutzung eines T2a Kombi als Schafstall.

Gute-Laune-Foto vom T2b Achtsitzer-Luxusbus von 1973. Die Fahrzeuge mit Eisenbahnschinen-Stoßstangen ab August 1972 hatten innen liegende Trittbretter für die Fahrerkabine. Sie waren nicht mehr Bestandteil der Vorderstoßstange.

Zweifarbiger Luxusbus mit Seitenschutzleiste, vollem Chromornat und Nebelscheinwerfern als Schulbus, Baujahr 1976.

Dieser Achtsitzer-L heißt Silberfisch, ein Sondermodell vom Sommer 1978 für den deutschen Markt. Er wurde vom 70-PS-Zweiliter-Boxer beflügelt, war silbermetallic lackiert, die Innenausstattung in edlem Marineblau. Außen zierten den Silberfisch ein großes Stahlschiebedach, viel Chrom und ein umlaufender schwarzer Zierstreifen, die Schiebetür wies ein Ausstellfenster auf. Das Sondermodell war die komfortabelste Art, in einem T2 zu reisen und kann, den ebenso modernen wie fragwürdigen Terminus zugrunde legend, als Vorfahre der Vans gelten.

Nicht schön, aber selten: Kombination eines nachträglich zum Campingwagen umgebauten Kombi mit der aufgesetzten Karosserie eines VW 411 Variant. Die innere Stehhöhe war sicherlich riesig, und Platz genug für Betten in der oberen Etage war auch vorhanden.

Ein typischer ausgesonderter Post-Kastenwagen mit Kunststoff-Hochdach auf Reisen in fernen Ländern, hier zu sehen mit bizarren Eiszapfen.

Derselbe Campingbus auf einer exotischen Hochgebirgsroute in Tibet neben einem umgestürzten Tankwagen.

Ein breites Spektrum unterschiedlicher Camping-Ausbaustufen lieferte Westfalia, die meisten trugen Städtenamen wie Paris, Rom, Zürich, Miami, Helsinki, Berlin oder Houston, andere hießen Mosaik oder Continental. Im Bild ein 1973er Mosaik.

70er Jahre

T2b Campingbus von Westfalia von hinten. Ab August 1971 waren die Transporter mit einem neuen Motor bestückt, eine Ableitung des VW-411-Boxers mit 1,7 Litern und 66 PS. Das neue Aggregat brachte Veränderungen im Heckbereich mit sich: Die hinteren Stoßfänger, nunmehr in Form der »Eisenbahnschienen«, saßen höher, der Tanksutzen wurde verlegt, die vergrößerten Rückleuchten wanderten nach außen und kombinierten nunmehr Brems-, Schluss- und Blinkleuchten sowie die Rückfahrscheinwerfer.

Auch Karmann baute einen VW Campingwagen, und zwar ein Alkoven-Modell in seinem Karosseriewerk in Rheine. Das Karmann Reise-Mobil wurde von März 1977 bis Oktober 1979 in 107 Exemplaren gebaut. Es bot mehr Platz als die Westfalia-Interpretationen, war dafür aber ausladender und brauchte mehr Sprit.

Der subjektiven Angst, beim Frontalaufprall die Beine zu verletzen, trat das Werk in mehreren Schritten entgegen und verbesserte die Unfallsicherheit. Die wesentlichste Veränderung erfolgte 1972, als vor den vorderen Querträgern des Rahmens ein Kastenprofil geschweißt wurde. Die Vorderstoßstange selbst, nunmehr in Form der sogenannten Eisenbahnschienen, war eigentlich nur Zierde. Die komplette Karosserie erhielt Versteifungselemente. Ab diesem Zeitpunkt spricht man vom T2b. Das Foto zeigt einen Westfalia-Camper nach einem Crashversuch (Frontalaufprall mit 48,5 km/h).

Ein stinknormaler VW Kombi, leicht vergammelt, völlig unauffällig, wie er tausendfach auf der Straße zu sehen war.

Foto: Archiv Johann Kleine Vennekate

70er Jahre

Dieser T2b Kombi ist als Baujahr vor August 1973 zu identifizieren, weil er noch eine Tankklappe aufweist. Zum Modelljahr 1974 wurde sie durch einen tiefer liegenden Einfüllstutzen ersetzt, der mit einem plan mit der Karosserie abschließenden Deckel versehen wurde.

Extrem rostgefährdet ist der hintere Bereich der hinteren Radkästen, und wenn der Gammel zum Rostloch wurde, halfen sich do-it-yourself-Künstler mit Polyester getränkten Reparaturmatten (»Prestolit«) und strichen das Ganze mit mattschwarzem Unterbodenschutz (»Teroson«) an. Der nächste Tüv-Termin bedeutete für diese »Prestolit-Bomber« meist das Aus.

Westfalia rüstete die Polizei-Verkehrsunfallwagen um, die Volkswagen ab Werk anbot. Hier folgt ein T2b in der Stuttgarter Innenstadt einem Passat Variant der ersten Generation.

Foto: Archiv Johann Kleine Vennekate

T2b Radarwagen in Belgien, weit auffälliger als die deutschen Versionen, die ihre aufwändige Technik gut zu verbergen verstanden. Die Belgier setzten auf ähnliche Machart wie seinerzeit beim T1, nämlich eine hälftig zu öffnende Fronttüre. Damit waren die flämischen Radarwagen die wohl einzigen VW Transporter T2 mit geteilter Windschutzscheibe.

70er Jahre

Die Basis für den Krankenwagen, hier ein T2b aus dem letzten Baujahr 1978, war der Kombi, jedoch mit zweisitziger Beifahrerbank und Trennwand zwischen Fahrer- und Krankenabteil. Er hatte eine automatische Trittstufe unter der Schiebetüre, teilmattierte hintere Scheiben, eine leicht zu reinigende Innenverkleidung und natürlich Einbauschränke sowie Tragen. Die Radkappen waren verchromt.

Typische Szene in den USA aus den frühen 70er Jahren: fetter Cadillac Eldorado 8.2 von 1970, VW Käfer und VW Bus, als Modelljahr 1972 zu identifizieren. Er trägt bereits die neuen, großen Rücklichter (ab August 1971), aber noch die alten Stoßstangen (bis Juli 1972).

Auch ein Jahrzehnt später hatte sich die Szenerie nicht verändert. Die US-Cars waren kleiner geworden (»down sizing«), repräsentiert vom Buick Regal 3.6 Turbo Coupé von 1979, aber Käfer und VW Busse waren allgegenwärtig.

Beladungsszene eines Pritschenwagens nach dem Facelift: Kastenstoßstangen und hoch gesetzte Blinker charakterisieren den T2b, hier ein Baujahr 1976. Der Eigentümer hat in die Optik investiert: Die verchromten Scheinwerferzierringe kosteten Aufpreis.

70er Jahre

Direkt über das Werk zu ordern, aber von externen Spezialisten hergestellt waren diverse Sondermodelle wie diese hydraulische Kipp-Pritsche, Baujahr 1978.

Unvergessen ist der VW T3 Syncro aus den 80er Jahren. Wie jegliches konstruktive Artefakt reifte er nicht aus dem Nirwana und schon gar nicht aus einer spontanen Idee. Er hat eine Vorgeschichte, die weit zurück reicht in Zeiten, als bei Volkswagen noch der T2-Transporter en vogue war. Zum Ende seines Lebenszyklus', um die Jahreswende 1978/79, entstanden auf seiner Basis fünf Allrad-Prototypen.

Der Nährboden der Allrad-Busse war die Ducksteinsche Wüste. Sie ist Terra incognita, auf keiner Landkarte versehen, und dennoch ganz nah: ein 200 Mal 200 Meter großes Fleckchen Erde innerhalb des Volkswagen-Versuchszentrums in Wolfsburg. Die Wüste hat ihren Namen nach ihrem ersten echten Nutzer, Henning Duckstein. Er ist der Mann hinter dem Allrad-Transporter, er tobte sich in der Wüste aus und scheuchte auf den ersten Blick harmlose VW-Busse über Hügel und durch Täler.

Grobstollige Reifen hat der Bus, 16- statt 14-Zoll-Felgen, und ziemlich hochbeinig kommt er daher (genau: 29 Zentimeter Bodenfreiheit). Meistens ist er von oben bis unten voller Schlamm. Artgerechte Haltung eben. Die Ducksteinsche Wüste jedenfalls ist laut ihrem Begründer, Einrichter und Hauptnutzer eine miniaturisierte Abbildung der Sahara. Duckstein war Versuchsingenieur in der Transporter-Abteilung von VW und Sahara-Freak, für sich selbst natürlich, und die Allrad-Transporter-Entwicklung hatte zunächst auch einen ziemlich privaten Charakter.

Das Armaturenbrett des 4x4-Bulli ist wohl bestückt. Da geben Instrumente Aufschluss über die Motordrehzahl, den Motoröldruck und die Wandleröltemperatur. Neben dem gewohnten Schaltknüppel findet sich ein zweiter, knackiger Hebel. Mit ihm wird der Vorderradantrieb zugeschaltet. Die Handbremse ist schwer modifiziert, sie wirkt nicht auf beide Hinterräder gemeinsam. Vielmehr bremst sie das durchdrehende Hinterrad einzeln ab und unterstützt somit die Sperrwirkung des Differenzials. Neben dem gewöhnlichen Handbremshebel befinden sich also noch deren zwei weitere: einer für das rechte und einer für das linke Hinterrad.

Der Allradbus hat eine sogenannte Halbautomatik: Der Kupplungsfuß verkümmert, im Getriebe rühren darf der Pilot trotzdem, wenngleich nur innerhalb von drei Gängen. Duckstein baute eine mechanische Kupplung ein. Nota bene: zum Schalten der Gänge, nicht etwa zum Anfahren. Das Anfahren ist mit dem Drehmomentwandler theoretisch in jedem Gang möglich. Diese hydraulische Kraftübertragung bewirkt im unteren Drehzahlbereich des Motors eine Drehmomentverstärkung auf etwas mehr als den doppelten Wert. Wegen dieses Kunstgriffs konnte sich der Konstrukteur eine Getriebereduktion schlichtweg sparen. Das Auto war genial. Sechs Jahre mussten die Fans warten, bis sie einen Allrad-Bulli in Gestalt des T3 bekamen.

In der Folge der Mineralölkrise 1973/74 entwickelte VW den Elektro-Transporter, bis Ende der 70er Jahre entstanden rund 150 Versuchsfahrzeuge. Statt des Motors hatte er einen Gleichstromtransformator mit 23 PS Dauer- und 44 PS Höchstleistung, gut für Tempo 50 und somit nur für den innerstädtischen Betrieb geeignet. Alle 50 bis 70 Kilomter mussten die Batterien aufgeladen werden. Sie wogen 750 Kilo und reduzierten dadurch die Nutzlast enorm. Vorteile des Elektro-Transporters: völlige Abgas- und Geräuschlosigkeit.

Bis 1975 war in Brasilien der T1 aus exportierten Werkzeugen entstanden, dann folgte der T2, aber nicht das originale Modell aus Deutschland. Diese 1981er Doppelkabine beispielsweise trägt zwar die Blinker neben den Lüftungsschlitzen oben, hat aber Stoßstangen wie der deutsche T2 vor 1972 – jedoch ohne Trittbretter. Auch die Scheibenräder und Radkappen entsprechen dem deutschen T2a.

70er Jahre

Ein völliger Zwitter war der brasilianische Kombi mit Verstärkungssicke in der Vordertüre. Seine Fahrgastzelle entsprach dem T1 Sambabus, aber ohne Dachrandverglasung. Bemerkenswert an diesem Fahrzeug von 1995 (!) sind die seitlichen Schranktüren.

Derselbe Kombi von hinten, ganz klar der alte T1 Sambabus, gepaart mit den großen Rückleuchten.

Bis 1997 wurde der Zwitter in Brasilien gebaut, dann folgte ein Facelift, das den Südamerikaner zwar dem seit mittlerweile 18 Jahren eingestellten Original näher brachte, aber identisch waren die Fahrzeuge lange nicht. Die Schrankwichen Schiebetüren, das hoch gestellte Dach weckt Assoziationen an den Westfalia-Camper, und das Interieur dieses 1998er Kombi Carat hat Plüschsesselcharakter.

Alternativ zum Ottomotor werkelte im Heck der brasilianischen Transporter ein Äthanolmotor. Äthanol ist vergorener Rohrzucker, der in Südamerika großflächig angebaut wird. In Brasilien ist der VW Transporter äußerst erfolgreich, rund 40 Prozent aller Lieferwagen stammen aus dem VW-Werk in São Bernado do Campo.

70er Jahre

Im November 2005 ersetzte VW do Brasil den luftgekühlten Motor durch den Wasserboxer (1,9 Liter, 78 PS) und offerierte sogar ein Fünfgang-Getriebe. Optisches Erkennungsmerkmal ist der unförmige Grill aus schwarzem Plastik. Seit Jahren wird über den Produktionsstopp des brasilianischen VW T2 spekuliert. Als vorliegendes Buch geschrieben wurde, im Juni 2009, erfreut sich der T2 immer noch seines Lebens. Totgesagte leben bekanntlich lange.

Nachdem Volkswagen den Import mexikanischer Käfer 1985 eingestellt hatte, etablierte sich eine rührige Szene privater Importeure bis zum Käfer-Ende am 30. Juli 2003. Einige von ihnen brachten auch brasilianische T2 ins Land, so wie diesen Caravelle Wasserboxer anno 2003. Mit importierten Käfer ließ sich ein gutes Geschäft machen. Aber das Preisschild an diesem T2 zeigt, warum dies beim Transporter nicht der Fall war: 38.900,– Euro.

Technische Daten Volkswagen Transporter T1 und T2, jeweils Kastenwagen in Standardausführung

Modelljahr	Motorbauart	Zylinder	Hubraum	Leistung	Höchstge-schwindigkeit	Fahrwerk vorne	Fahrwerk hinten	L x B x H in mm
1950-1954	Boxer, luftgekühlt	4	1131 cm³	25 PS	80 km/h	Einzelradaufhängung an Kurbellenkern, Drehstabfederung	Einzelradaufhängung an Pendelachse, Drehstabfederung	4100 x 1700 x 1900
1954-1955	Boxer, luftgekühlt	4	1192 cm³	30 PS	80 km/h	Einzelradaufhängung an Kurbellenkern, Drehstabfederung	Einzelradaufhängung an Pendelachse, Drehstabfederung	4100 x 1700 x 1900
1955-1959	Boxer, luftgekühlt	4	1192 cm³	30 PS	80 km/h	Einzelradaufhängung an Kurbellenkern, Drehstabfederung	Einzelradaufhängung an Pendelachse, Drehstabfederung	4190 x 1725 x 1940
1959-1960	Boxer, luftgekühlt	4	1192 cm³	30 PS	80 km/h	Einzelradaufhängung an Kurbellenkern, Drehstabfederung	Einzelradaufhängung an Pendelachse, Drehstabfederung	4280 x 1725 x 1940
1960-1964	Boxer, luftgekühlt	4	1192 cm³	30 PS	93 km/h	Einzelradaufhängung an Kurbellenkern, Drehstabfederung	Einzelradaufhängung an Pendelachse, Drehstabfederung	4280 x 1725 x 1940
1963	Boxer, luftgekühlt	4	1493 cm³	42 PS	110 km/h	Einzelradaufhängung an Kurbellenkern, Drehstabfederung	Einzelradaufhängung an Pendelachse, Drehstabfederung	4280 x 1750 x 1940
1963-1965	Boxer, luftgekühlt	4	1493 cm³	42 PS	105 km/h	Einzelradaufhängung an Kurbellenkern, Drehstabfederung	Einzelradaufhängung an Pendelachse, Drehstabfederung	4280 x 1750 x 1925
1965-1967	Boxer, luftgekühlt	4	1493 cm³	44 PS	105 km/h	Einzelradaufhängung an Kurbellenkern, Drehstabfederung, Stabilisator	Einzelradaufhängung an Pendelachse, Drehstabfederung	4280 x 1750 x 1925
1967-1970	Boxer, luftgekühlt	4	1584 cm³	47 PS	107 km/h	Einzelradaufhängung an Kurbellenkern, Drehstabfederung, Stabilisator	Einzelradaufhängung an Doppelgelenk-Pendelachse, Drehstabfederung	4420 x 1765 x 1955
1970-1972	Boxer, luftgekühlt	4	1584 cm³	50 PS	110 km/h	Einzelradaufhängung an Kurbellenkern, Drehstabfederung, Stabilisator	Einzelradaufhängung an Doppelgelenk-Pendelachse, Drehstabfederung	4420 x 1765 x 1955
1971/1972	Boxer, luftgekühlt	4	1679 cm³	66 PS	125 km/h	Einzelradaufhängung an Kurbellenkern, Drehstabfederung, Stabilisator	Einzelradaufhängung an Doppelgelenk-Pendelachse, Drehstabfederung	4420 x 1765 x 1955
1972-1979	Boxer, luftgekühlt	4	1584 cm³	50 PS	110 km/h	Einzelradaufhängung an Kurbellenkern, Drehstabfederung, Stabilisator	Einzelradaufhängung an Doppelgelenk-Pendelachse, Drehstabfederung	4505 x 1720 x 1960
1971/1972	Boxer, luftgekühlt	4	1679 cm³	66 PS	125 km/h	Einzelradaufhängung an Kurbellenkern, Drehstabfederung, Stabilisator	Einzelradaufhängung an Doppelgelenk-Pendelachse, Drehstabfederung	4505 x 1720 x 1960
1975-1979	Boxer, luftgekühlt	4	1970 cm³	70 PS	127 km/h	Einzelradaufhängung an Kurbellenkern, Drehstabfederung, Stabilisator	Einzelradaufhängung an Doppelgelenk-Pendelachse, Drehstabfederung	4505 x 1720 x 1960

WK-Verlag

**Alle WK-Titel sind Reproduktionen in bekannt guter Qualität als Buch oder Heft gebunden.
Hier ein kleiner Einblick in unsere lieferbare VW Bulli Literatur.**

WK-1995 ......VW Bus/Transporter 25 PS Bedienungsanleitung.......ca. 54 S.......ca. Din A5............18,- Euro

WK-1997 ......VW Bus/Transporter 30 PS Bedienungsanleitung.......ca. 75 S.......ca. Din A5............22,- Euro

WK-1996 ......VW Bus/Transporter 30 PS Bedienungsanleitung.......ca. 64 S.......ca. Din A5............20,- Euro

DK-2506 ....Mit dem Bulli durch die Welt – Der VW-Bus und seine Fans ....ca. 176 S.....ca. 25 x 24 cm ....26,- Euro

W-0118.........VW Käfer 1200 Bedienungsanleitung ....ca. 75 S.......ca. Din A5............22,- Euro

W-0117.........VW Käfer 1200 Bedienungsanleitung ....ca. 60 S.......ca. Din A5............18,- Euro

W-2318.........VW Käfer 1302/1302-S Bedienungsanleitung............ca. 75 S.......ca. Din A5............20,- Euro

W-0828.........VW Käfer Typ 11/15 (Cabrio) Ersatzteilliste...............ca. 200 S.....ca. Din A4............56,- Euro

W-2048.........VW Käfer Typ 15 Cabriolet Reparaturanleitung...........ca. 160 S.....ca. Din A4............46,- Euro

W-1944.........VW Käfer Typ 11 Limousine Reparaturanleitung.......ca. 172 S.....ca. Din A4............50,- Euro

W-2315.........VW Käfer 1303/-A/-S Bedienungsanleitung ....ca. 45 S.......ca. Din A5............16,- Euro

W-0623.........VW Käfer Typ 11 (25 PS) Bedienungsanleitung...........ca. 60 S.......ca. Din A5............20,- Euro

W-1513.........Käfer 1200 Cabrio Bedienungsanleitung (Bedienung und Pflege) ....ca. 12 S.......ca. Din A5............10,- Euro

DK-1971 ....Die Edel-Käfer – Sonderkarosserien von Rometsch, Karmann, Ghia Aigle, Hebmüller ....ca. 216 S.....21 x 24 cm ....29,90 Euro

DK-1582 ....Der Käfer – Ferdinand Porsche und die Entwicklung des Volkswagens ....ca. 320 S.....27,5 x 21,5 cm......34,90 Euro

**WK-VERLAG · Lagesche Straße 105 · D–32108 Bad Salzuflen (INTERNET: http://www.wk-verlag.de)
Telefon: 0 52 22 / 92 75 -0 (10–20 Uhr außer sonn- und feiertags) Fax: 0 52 22 / 92 75 -50**

WWW.OLDTIMERBOOK.EU

LITERATUR FÜR DEINEN OLDTIMER Tel. + 49 5232 702498

Motorrad Meister Milz

Originalauspuffanlagen für Ihren Oldtimer
- von Adler bis Zündapp
- Originalnachfertigungen
- Verchromen, Vernickeln,
- Verkupfern, Lackieren und Linieren

Besuchen Sie auch unseren Ebay-Shop!
Motorrad Meister Milz

Dorfstr. 6 · 17321 Ramin · OT Linken · Tel. 039754 – 515 14

Motorveteranen-Sport-Club-Herford

Vereinsheim und Ausstellung im Sportpark Waldfrieden Herford

Geöffnet an jedem 1. Sonntag im Monat von 10.00 bis 13.00 Uhr

Motorveteranen-Sport-Club-Herford • Waldfriedenstraße 58
32051 Herford • Telefon 0 52 21 / 85 52 77

Carports in allen Größen

www.holz.ag

Telefon:
033456-15506
033456-15508

Johann Kleine Vennekate verlag

Karl Reese:
Deutsche Motorräder der 30er Jahre
240 S. • 34,00 Euro • ISBN 978-3-935517-27-0

Johann Kleine Vennekate:
Deutsche Motorräder der 50er Jahre
Diese beiden Bücher gelten als das umfassendste Werk zur gesamtdeutschen Motorradgeschichte der 1930er und 1950er Jahre.
304 S. • 39,00 Euro • ISBN 978-3-935517-07-2

Jörg Sprengelmeyer:
DKW Personenwagen 1950–1966
Die formschönen DKW Personenwagen prägten viele Jahre das Verkehrsbild auf Westdeutschlands Straßen. Jörg Sprengelmeyer stellt alle Modelle mit über 350 Fotos und vielen technischen Details vor.
208 S. • 34,00 Euro • ISBN 978-3-935517-46-1

Jörg Sprengelmeyer:
DKW Schnellaster & Co.
Das Buch beschreibt die unterschiedlichen DKW Schnellaster- und DKW Stadtlieferwagen-Modelle der AUTO UNION aus Ingolstadt. Jörg Sprengelmeyer gibt in dem vorliegenden Buch einen umfassenden technischen und historischen Einblick in die Geschichte der Nutzfahrzeuge sowie deren Lizenznehmer. Hervorragende Bilder, unter anderem aus dem Audi-Werksarchiv, verbunden mit eigenem Archivmaterial, begleiten dokumentarisch diese Fahrzeuggattungen.
160 S. • 34,00 Euro • ISBN 978-3-935517-15-7

überarbeitete 2. Auflage

Jörg Sprengelmeyer:
DKW Munga 1956–1968
Jörg Sprengelmeyer stellt mit packendem Fotomaterial den Geländewagen der Auto Union vor.
160 S. • 34,00 Euro • ISBN 978-3-935517-09-6

Frank O. Hrachowy:
Kleinkrafträder in Deutschland – Die ungedrosselten 50er der Klasse 4
Mit den in ihrer Leistung und Höchstgeschwindigkeit unbeschränkten Kleinkrafträdern von Kreidler, Zündapp, Hercules, KTM, Puch usw. gewann die Jugend eine neue Mobilität. Frank O. Hrachowy stellt diese Zeit mit über 250 Bildern vor.
176 S. • 34,00 Euro • ISBN 978-3-935517-26-3

Johann Kleine Vennekate:
Kleine Maschinen – ganz groß
Motorfahrräder Saxonette
Kleinkrafträder 1930–1955
Über 60 Marken wie Ardie, Dürkopp, Hercules, Mars, Miele, NSU und Wanderer, mit mehr als 450 Motorfahrradtypen werden in dem Buch vorgestellt.
117 S. • 26,00 Euro • ISBN 978-3-935517-13-3

Karl Reese:
Motorräder aus Sachsen
Karl Reese hat fast 100 Firmen recherchiert die in Sachsen einst Motorräder bauten. Neben den Großen wie MZ, Schüttoff, Wanderer und DKW gab es viele interessante Motorradhersteller.
164 S. • 34,00 Euro • ISBN 978-3-935517-38-6

Karl Reese:
Motorräder aus Berlin
In dem Buch werden erstmalig alle Motorräder, Motorroller und Mopeds, die über Jahrzehnte in Berlin hergestellt wurden, lückenlos beschrieben. Detailliert und reich illustriert stellt Karl Reese alle Motorradmarken aus Berlin und Brandenburg sowie deren Modelle vor.
160 S. • 34,00 Euro • ISBN 978-3-935517-05-8

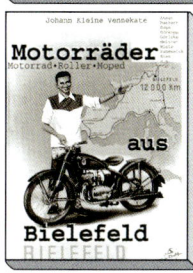

Johann Kleine Vennekate:
Motorräder aus Bielefeld
Johann Kleine Vennekate stellt alle Motorradmarken aus Bielefeld und dem alten Regierungsbezirk Minden sowie deren Modelle vor. Große und kleine Marken wie Anker, Dürkopp, Göricke, Miele, Rabeneick, Rixe und andere rufen Erinnerungen wach. Für den Sammler eine unerschöpfliche Fundgrube und ein grundlegendes Nachschlagewerk.
200 S. • 34,00 Euro • ISBN 978-3-9804987-5-3

Karl Reese:
Motorräder aus München
München war lange ein Zentrum der deutschen Motorradfertigung. Über 80 verschiedene Hersteller fertigten in den vergangenen Jahrzehnten in München Motorräder, teilweise in kleinen Werkstätten, teilweise in größeren Fabrikanlagen. Für Sammler ist dieses Buch eine unerschöpfliche Fundgrube.
160 S. • 34,00 Euro • ISBN 978-3-935517-17-1

Volker Bruse:
Deutsche Motorräder der Kaiserzeit 1885–1918, Band 1
Erstmals werden umfassend alle deutschen Motorradmarken der Pionierzeit präsentiert. Verfolgen Sie den Weg der Motorräder von Adler, Cyklon, Burckhardtia, Excelsior, Express, Gouverneur, Komet, Magnet, Rinne, Tempo und vieler weiterer.
176 S. • 34,00 Euro • ISBN 978-3-935517-50-8

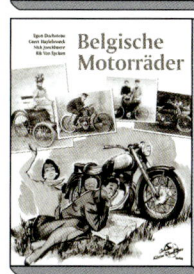

Egon Duchateau, Geert Huylebroeck, Nick Jonckheere, Rik Van Eycken:
Belgische Motorräder
Belgien war über Jahrzehnte ein Zentrum der Zweiradindustrie in Europa. Insbesondere die Motorradproduktion brachte Marken hervor, die weit über die Grenzen Belgiens bekannt wurden. Zu diesen Marken gehörten FN, Gillet und Saroléa.
232 S. • 34,00 Euro • ISBN 978-3-935517-49-2

Hans Jürgen Huse:
Französische Motorräder
Motorräder aus Frankreich gehören außerhalb der Grenzen ihres Ursprungslandes immer noch zu den Exoten. Doch der Kreis derer, die die »Franzosen« für sich entdecken wächst. Hans Jürgen Huse stellt in diesem Buch die größten Motorradhersteller Frankreichs vor.
192 S. • 39,00 Euro • ISBN 978-3-9804987-6-0

Bentzlerstraße 3 · 32657 Lemgo
Tel. (05261) 18 71 75 · Fax 18 61 70
Internet www.motorradbuch.de

verlag
Johann Kleine Vennekate

Dieter Jorzick, Johann Kleine Vennekate:
Adler Motorräder
Schon um die Jahrhundertwende nahm die Geschichte der Adler-Motorräder ihren Anfang und erreichte in den fünfziger Jahren ihren Höhepunkt. Über 200 Fotos zeigen Adler-Motorräder in Details und Sport. In den ausführlichen Tabellen sind alle wichtigen technischen Daten erfaßt.
144 S. • 29,00 Euro • ISBN 978-3-9804987-7-7

überarbeitete 2. Auflage

Hans-Lothar Stegmann:
BMW Einzylinder Motorräder 1925–1967
Dieses Buch präsentiert die BMW Einzylinder-Modelle, die für viele Motorradfahrer seinerzeit der Einstieg in die Oberklasse waren. Der Autor Hans-Lothar Stegmann widmet sich zudem auch dem EMW R 35 Motorrad aus Eisenach, das in Thüringen als Nachfolgemodell der BMW R 35 entstand.
128 S. • 29,00 Euro • ISBN 978-3-935517-33-1

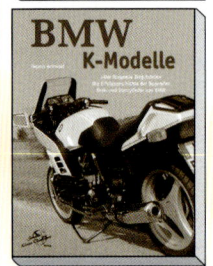

Thomas Reinwald:
BMW K-Modelle
1983 brachte BMW mit der K 100 ein komplett neues Motorenkonzept auf den Motorradmarkt. Thomas Reinwald schildert die Geschichte des »fliegenden Ziegelsteins«.
128 S. • 29,00 Euro • ISBN 978-3-935517-44-7

Hans-Lothar Stegmann, Johann Kleine Vennekate:
BMW Motorräder 1923–1969
Zum Teil noch nie veröffentlichte Bilder aus den Anfängen der Motorisierung mit BMW-Motorrädern dokumentieren das Erfolgsrezept aus Bayern. In ausführlichen Tabellen sind alle wichtigen technischen Daten erfaßt.
224 S. • 36,00 Euro • ISBN 978-3-935517-16-4

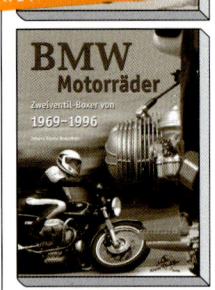

überarbeitete 2. Auflage

Johann Kleine Vennekate:
BMW Motorräder Zweiventil-Boxer 1969–1996
In chronologischer Reihenfolge werden die einzelnen Modelle von der R 50/5 über die R 90 S, die R 100 RT bis zur R 100 GS sowie das Abschiedsmodell R 80 GS Basic beschrieben. In ausführlichen Tabellen sind alle technischen Daten erfaßt. Komplette Rahmennummernkreise ermöglichen einfach die Identifizierung von Rahmen und Modellen.
160 S. • 34,00 Euro • ISBN 978-3-935517-20-1

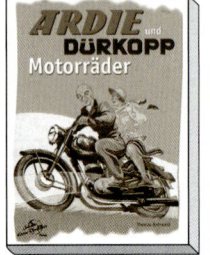

Thomas Reinwald:
Ardie und Dürkopp Motorräder
Thomas Reinwald beschreibt die Firmengeschichte und alle Motorradmodelle der Marken Ardie und Dürkopp.
144 S. • 29,00 Euro • ISBN 978-3-935517-10-2

Jörg Sprengelmeyer:
DKW Motorräder aus Zschopau 1921–1945
Dieses Buch beschreibt ausführlich die Entwicklung der DKW Motorräder von Beginn der Produktion 1921, über den Weg zur größten Motorradfabrik der Welt, bis zum kriegsbedingten Ende im Jahre 1945. Inklusive DVD mit sechs Filmen
208 S. • 36,00 Euro • ISBN 978-3-935517-31-7

Jörg Sprengelmeyer:
DKW Motorräder aus Ingolstadt 1949–1958
In diesem Buch wird ausführlich die DKW-Motorradpalette der Nachkriegszeit dokumentiert. Jörg Sprengelmeyer gibt einen umfassenden technischen und historischen Einblick in die DKW-Motorräder wie RT 125, RT 175, RT 350 usw. und den Hobby-Roller.
144 S. • 29,00 Euro • ISBN 978-3-935517-04-1

Dieter Lammersdorf:
Heinkel, Roller – Moped – Kabine
Über 270 Bilder, viele bisher unveröffentlicht und die umfassenden technischen Daten lassen dieses von einem Heinkel-Kenner verfaßte Buch zu einem Klassiker werden. Der Autor beschreibt ausführlich die Heinkel-Kabine, das Heinkel-Moped-Perle und die gesamte Modellreihe des legendären Heinkel-Tourist. Inkl. DVD
144 S. • 34,00 Euro • ISBN 978-3-935517-32-4

Thomas Reinwald, Norbert Daum:
Hercules Motorräder
Neben den fast 200 produzierten Typen liefern Thomas Reinwald und Norbert Daum Hintergrundinformationen über Leute, Motorsport, Prototypen und andere bislang nahezu unbekannte Entwicklungen bei Hercules. Über 270 Bilder und umfassende technische Daten. Inklusive DVD mit zwei Filmen
160 S. • 34,00 Euro • ISBN 978-3-935517-18-8

Karl Reese:
Horex Motorräder
Alle Horex-Modelle werden in Bild und technischen Tabellen dargestellt und beschrieben. Sportliche Erfolge und interessante Konstruktionen der Motorräder faszinieren den Enthusiasten. Über 250 Fotos lassen dieses von einem Kenner der Oldtimerszene verfaßte Buch zu einem Klassiker werden.
160 S. • 34,00 Euro • ISBN 978-3-9804987-8-4

überarbeitete 2. Auflage

Manfred Blumenthal:
IWL Motorroller aus dem Osten Deutschlands
Dieses Buch beschreibt den Beginn, den Verlauf und das Ende der IWL Motorrollerfertigung im Osten Deutschlands.
352 S. • 29,00 Euro • ISBN 978-3-935517-42-3

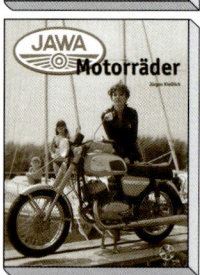

Jürgen Kießlich:
Jawa Motorräder
Dieses Buch bietet eine spannende Zeitreise durch die Geschichte der tschechischen Traditionsmarke JAWA. Jürgen Kießlich beschreibt die unterschiedlichen JAWA Motorradmodelle und gibt Hintergrundinformationen über Leute, Politik, Motorsport und Prototypen. Viele Jahre Motorradbau werden hier durch einen kompetenten Text sowie ca. 400 Fotos und umfangreiche technische Daten anschaulich präsentiert.
176 S. • 34,00 Euro • ISBN 978-3-935517-39-3

Johann Kleine Vennekate
Bentzlerstraße 3 · 32657 Lemgo
Tel. (05261) 18 71 75 · Fax 18 61 70
Internet www.motorradbuch.de

verlag
Johann Kleine Vennekate

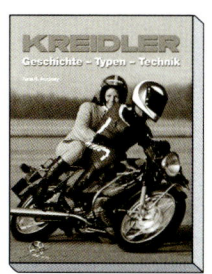

Frank O. Hrachowy:
Kreidler
Geschichte – Typen – Technik
Der Autor präsentiert die Geschichte der Firma Kreidler und ihre Fahrzeuge. Umfassende technische Tabellen und über 200 Abbildungen.
160 S. • 34,00 Euro • ISBN 978-3-935517-45-4

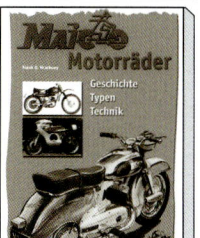

Frank O. Hrachowy:
Maico Motorräder
Geschichte – Typen – Technik
Maico – einst ein Synonym für hochwertige Zweitakt-Geländemotorräder aus Deutschland. Doch Maico wurde ebenso wie Zündapp, Hercules und Kreidler von den Japanern überrollt. F. O. Hrachowy stellt die komplette Firmengeschichte mit ca. 200 Bildern vor.
144 S. • 29,00 Euro • ISBN 978-3-935517-21-8

Klaus Arth:
NSU Motorräder 1900–1945
In diesem Buch beleuchtet Klaus Arth sämtliche technischen und zeitgeschichtlichen Aspekte rund um NSU und gibt ausführliche Auskünfte zu jedem einzelnen NSU-Motorrad, die in zahlreichen zeitgenössischen Fotografien dokumentiert werden.
216 S. • 34,00 Euro • ISBN 978-3-935517-37-9

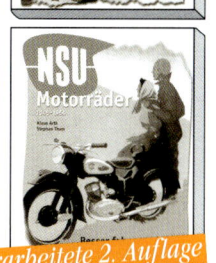

Klaus Arth, Stephan Thum:
NSU Motorräder 1945–1964
In diesem Buch wird zum ersten Mal ausführlich die NSU-Motorradpalette der Nachkriegszeit dokumentiert. Viele dieser Fahrzeuge, wie Fox, Lux oder Max, sind den meisten Menschen auch heute noch oder schon wieder ein Begriff. Hier geben zwei NSU-Insider einen umfassenden technischen und historischen Einblick in die Modellreihen.

überarbeitete 2. Auflage
144 S. • 29,00 Euro • ISBN 978-3-935517-00-3

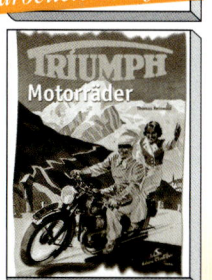

Thomas Reinwald:
Triumph Motorräder
In dem vorliegenden Buch wird der Werdegang der legendären Motorradmarke »Triumph« aus Nürnberg ausführlich dargestellt. Neben den fast 100 produzierten Typen liefert Thomas Reinwald Hintergrundinformationen über Leute, Motorsport, Prototypen und andere bislang nahezu unbekannte Entwicklungen bei Triumph.
144 S. • 29,00 Euro • ISBN 978-3-935517-14-0

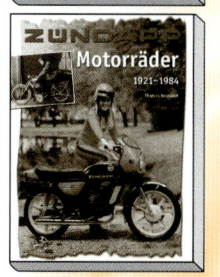

Thomas Reinwald:
Zündapp Motorräder 1921–1984
Die Mopeds, Kleinkrafträder, Leichtkrafträder, die Roller und nicht zuletzt die Motorräder werden mit bislang nicht veröffentlichten Daten und Firmeninternas in diesem Buch ausführlichst besprochen.
176 S. • 34,00 Euro • ISBN 978-3-935517-23-2

Bentzlerstraße 3 · 32657 Lemgo
Tel. (05261) 18 71 75 · Fax 18 61 70
Internet www.motorradbuch.de

Axel Kirchner:
Motorsport in Berlin 1947–1967
So bekannte Persönlichkeiten, wie Arthur Rosenhammer, Werner Haas, Edgar Barth, Paul Greifzu, Hans Herrmann oder Wolfgang Graf Berghe von Trips, gaben ihre motorsportliche Visitenkarte beim Berliner Publikum entlang der Avus oder Bernauer Schleife ab. Axel Kirchner schildert diese spannende Zeit.
192 S. • 29,00 Euro • ISBN 978-3-935517-11-9

Heinrich Effertz:
Motorradrennen im Rheinland 1945 bis 1960 –
Vom Lastesel zum Fluggerät
Der Autor beschreibt den Motorradsport als Teil der Ortsgeschichte vieler rheinischer Städte und Gemeinden. Umfangreiche Ergebnislisten und fast 200 historische Fotos dokumentieren die Aktivitäten der örtlichen Motorsportvereine in der Zeit.
192 S. • 29,00 Euro • ISBN 978-3-935517-08-9

Reinald Schumann:
H.P. Müller
Weder vor noch nach H. P. Müller hat es je einen deutschen Rennfahrer gegeben, der so vielseitig war wie er. Reinald Schumann zeichnet in diesem Buch die Geschichte eines Meisters aller Hubraumklassen.
144 S. • 29,00 Euro • ISBN 978-3-935517-02-7

Jürgen Kießlich:
Motorradrennen auf dem Sachsenring Band 1
Historie einer der ältesten und berühmtesten Motorradrennstrecken.
224 S. • 39,00 Euro • ISBN 978-3-9804987-3-9

Jürgen Kießlich:
Motorradrennen auf dem Sachsenring Band 2 – Die Zeit ab 1990
144 S. • 29,00 Euro • ISBN 978-3-935517-24-9

Siegfried Rauch, Heinz Kletzke:
Zündapp – 60 Jahre Zündapp-Technik
Zündapp brachte zum 60jährigen Firmenjubiläum eine Chronik ihrer Firmenhistorie, dem Zweiradprogramm sowie den Rennsporterfolgen heraus. Der Insider Heinz Kletzke (ehemaliger Zündapp-Werbeleiter) hat diese Jahre detailliert aufgezeichnet.
336 S. • 39,00 Euro • ISBN 978-3-9804987-1-5

3. Auflage

Thomas Reinwald:
Zündapp – Der Sport 1921–1984
Zündapp und der Geländesport waren jahrzehntelang untrennbar miteinander verbunden. Dieses Buch schildert erstmals die gesamte Geschichte der sportlichen Aktivitäten der Zündapp-Werke.
176 S. • 34,00 Euro • ISBN 978-3-935517-25-6

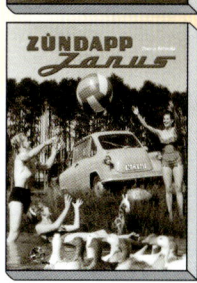

Thomas Reinwald:
Zündapp Janus und die anderen automobilen Entwicklungen von Zündapp
Mit dem Zündapp Janus versuchte das Nürnberger Werk in den Automobilbau einzusteigen. Erfahren Sie alles über diesen Kleinwagen der 1950er Jahre.
112 S. • 29,00 Euro • ISBN 978-3-935517-35-5

verlag
Johann Kleine Vennekate

Johann Kleine Vennekate:
BMW Fotoalbum 1923–1969
Beim Anblick der Fotos in diesem Buch wird das Herz jedes Motorrad- und BMW-Freundes zu hüpfen beginnen. Dem Leser begegnen einzigartige Bilder vom Leben auf und mit dem Motorrad, Bilder vom Aufbruch in die rasanten 1920er Jahre per Motorrad, Bilder vom massenhaften Großserienprodukt Motorrad der 1930er und 1950er Jahre.
144 S. • 29,00 Euro • ISBN 978-3-935517-29-4

Jörg Buschmann und Jörg Sprengelmeyer:
DKW Fotoalbum 1921–1958
Einmalige Bilder zeigen das Leben mit den DKW-Motorrädern. Zeitgeist pur!
144 S. • 29,00 Euro • ISBN 978-3-935517-34-8

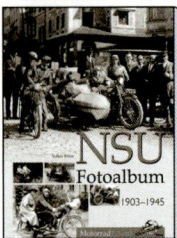

Volker Bruse:
NSU Fotoalbum 1903–1945
Dem Leser begegnen einzigartige Fotos vom Leben mit dem NSU-Motorrad in der Frühzeit, Bilder vom Aufbruch in die rasanten 1920er und 1930er Jahre per NSU-Motorrad und NSU-Automobil. Umfangreiche Recherchen durch den Autor zu jedem Motiv beantworten alle Fragen zu Modell, Baujahr und Zeitumfeld.
144 S. • 29,00 Euro • ISBN 978-3-935517-28-7

Thomas Reinwald:
Zündapp Fotoalbum 1921–1958
Tauchen Sie ab in den Fortschritt vergangener Zeiten, gebannt auf Fotoplatten und Fotopapier, und in diesem Werk wiedergegeben. Aufwendige Recherchen beantworten alle Fragen zu Modell, Baujahr Zeit und Umfeld.
144 S. • 29,00 Euro • ISBN 978-3-935517-30-0

Johann Kleine Vennekate:
Borgward Fotoalbum 1905–1961
In diesem Buche sind sie alle vereint, die Kult-Fahrzeuge vergangener Tage aus Bremen: Hansa, Lloyd, Goliath und Borgward. Beim Anblick der Fotos in diesem Buch wird das Herz eines jeden Enthusiasten der Bremer Automarken höher schlagen.
144 S. • 29,00 Euro • ISBN 978-3-935517-41-6

Alexander Franc Storz:
Opel Fotoalbum 1900–1970
Faszination Opel! Alte Fotos, Momentaufnahmen längst vergangener Zeiten, lassen das Herz eines jeden Enthusiasten der Rüsselsheimer Marke höher schlagen.
144 S. • 29,00 Euro • ISBN 978-3-935517-43-0

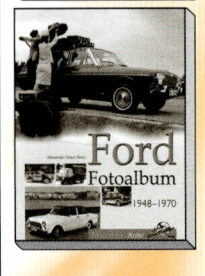

Alexander Franc Storz:
Ford Fotoalbum 1948–1970
In diesem Buche sind sie alle vereint, die Kult-Fahrzeuge der 50er, 60er und frühen 70er Jahre: Buckel-, Weltkugel und Barock-Taunus, der P3 mit Spitznamen Badewanne, gefolgt von den automobilen Gefährten unserer Kindheit, dem P4, P5, P6, P7a und P7b sowie den Lieferwagen FK 1000 und Transit.
144 S. • 29,00 Euro • ISBN 978-3-935517-40-9

Alexander Franc Storz:
Deutsche Kleinwagen Fotoalbum nach 1947
Bekannte Namen wie Isetta, Messerschmitt, Lloyd, NSU Prinz und Fuldamobil, weniger geläufige wie Champion, Gutbrod und Spatz sowie Exoten wie Kroboth, Mada, Deltamobil, Staunau, Wendax und viele andere werden in zeitgenössischen Fotos vorgestellt
144 S. • 29,00 Euro • ISBN 978-3-935517-47-8

Walter Richter und Oliver Zinnkann:
VW Käfer & Co. Fotoalbum 1938–1978
Dem Leser begegnen einzigartige Bilder vom Leben mit den Automobilen, die von dem luftgekühlten Boxer-Motor angetrieben wurden.
144 S. • 29,00 Euro • ISBN 978-3-935517-36-2

Alexander Franc Storz:
VW Bulli Fotoalbum 1949–1979
Faszination Bulli! Der Transporter T1 mit all seinen Varianten vom Kastenwagen über den Kombi, Pritschenwagen und die Doppelkabine.
144 S. • 29,00 Euro • ISBN 978-3-935517-48-5

Neben vielen technischen Informationen vermitteln die in ihrer Originalfarbe abgedruckten Prospekte den jeweiligen Zeitgeist, der sich in der graphischen Gestaltung dieser Werbeschriften widerspiegelt.

Johann Kleine Vennekate: **Horex Prospekte 1921–60**
144 S. • 29,00 Euro • ISBN 978-3-935517-19-5

Johann Kleine Vennekate: **Kreidler Prospekte 1950–82**
160 S. • 34,00 Euro • ISBN 978-3-935517-01-0, Inklusive CD

Volker Bruse: **NSU Prospekte 1873–1930**
160 S. • 29,00 Euro • ISBN 978-3-935517-22-5

Johann Kleine Vennekate: **Zündapp Prospekte 1947–84**
Motorrad & Roller, *144 S. • 29,00 Euro • ISBN 978-3-9804987-9-1*

Johann Kleine Vennekate: **Zündapp Prospekte 1953–84**
Moped – Mokick – Kleinkraftrad – Leichtkraftrad
160 S. • 29,00 Euro • ISBN 978-3-935517-12-6

Dieter Lammersdorf:
Oldtimermuseen in Deutschland
Über 200 deutsche Automobil- und Motorradmuseen in einem praktischen Museumsführer: Zwei Register, Wegbeschreibungen und sieben Teilkarten von Deutschland machen dieses Buch zu einem unverzichtbaren Begleiter für jeden Oldtimer-Liebhaber.

4. erweiterte Auflage

250 S. • 14,00 Euro • ISBN 978-3-935517-06-5